三昧禪法經典系列⑨

坐禪三昧經典

坐禪三昧經
禪祕要法經
思惟略要法
禪法要解
五門禪經要用法

三昧禪法經典的出版因緣

三昧禪法經典的出版，是我們整理弘揚佛法禪觀修行的重要一步，希望這些經典的整理，能夠幫助修行大眾在禪觀修證上有所增益。

佛教的禪法，無比深妙廣大。從原始佛教中，以對治與解脫為中心的禪觀，到大乘佛教中，以大悲與如幻為見地，所開展出無邊廣大的菩薩三昧，都是能令人超越生死煩惱的障礙，而達到廣大自在境界的殊勝法門。這些禪觀也能令我們了悟身心法界的無邊奧密，值得人人以無盡的生命來從事無邊禪觀的修證體悟。

佛教的修證體悟，不是散心妄念的思惟分別，諸佛菩薩也沒有建立一套龐大精妙思想的興趣。佛法看似廣大無際的思想體系，不是向壁虛構的分別推論所成，實際上只是解釋身心法界真相的體悟內容。因此，佛法的悟境，絕對是在身心統一和諧的境界中產生；所以世智聰明或極度思辯推理，可能產生龐大的精思學問，卻不可能在佛法中開悟解脫。依此而言，禪法定力雖然不是佛法開悟的內容，卻是開悟解脫的根本。

另外，大乘菩薩的三昧禪法更是依據菩薩對空、無常、無我的體悟，不住於涅槃解脫，而以大悲心發起菩提願，以菩薩三昧禪法產生永不間斷的廣大力量，永不退轉地如幻救度眾生。所以，就佛法的立場而言，禪法是每一個人改變身心性命、煩惱習氣所必備的工具。

在佛陀時代，禪法是大家共同的必修科，習禪是每一個佛教徒的常課，我們十分懷念那樣的殊勝因緣，希望在這一個時代中重現。本套三昧禪法經典，共輯成十冊，為了使大家能迅速的掌握經典的內義，此套經典全部採用新式分段、標點，使讀者能夠迅速的體悟三昧禪法的要義。

這一套三昧禪法經典，涵蓋了最基本的安般（數息）、不淨、慈心、因緣、念佛等五停心觀，乃至無邊廣大的菩薩三昧；這十冊的內容是：

一、念佛三昧經典

二、般舟三昧經典
三、觀佛三昧海經典
四、如幻三昧經典
五、月燈三昧經典
六、寶如來三昧經典
七、如來智印三昧經典
八、法華三昧經典
九、坐禪三昧經典
十、修行道地經典

現在供養給大家，希望大家能夠依此而使身心離惱、解脫自在，甚至證入無邊廣大的菩薩三昧，具足大功德、大威力；並祈望大家廣為推行，使如來的教法能大弘於人間，一切眾生歡喜自在、一切願滿，乃至圓滿成佛。

南無　本師釋迦牟尼佛

凡例

一、關於本系列經典的選取，以能彰顯佛法中三昧禪法的修習與功德力用為主，以及包含各同經異譯本，期使讀者能迅速了解修習三昧禪法的重要見地及善巧方便。

二、本系列經典選取之經文，以卷為單位。

三、本系列經典係以日本《大正新修大藏經》（以下簡稱《大正藏》）為底本，而以宋版《磧砂大藏經》（新文豐出版社所出版的影印本，以下簡稱《磧砂藏》）為校勘本，並輔以明版《嘉興正續大藏經》與《大正藏》本身所作之校勘，作為本系列經典之校勘依據。

四、《大正藏》有字誤或文意不順者，本系列經典校勘後，以下列符號表示之：

㈠改正單字者，在改正字的右上方，以「＊」符號表示之。如《大方等大集經菩薩念佛三昧分》卷四〈歎佛妙音勝辯品第五之一〉之中：

無名相法以名相說，「共」義亦爾《大正藏》

無名相法以名相說，「其」義亦爾《磧砂藏》

校勘改作為：

無名相法以名相說，*其義亦爾

(二)改正二字以上者，在改正之最初字的右上方，以「*」符號表示之，並在改正之最末字的右下方，以「☆」符號表示之。

如《佛說如幻三昧經》卷上之中：

離欲「恍惚」寂無所有，歸於澹泊悉無所生《大正藏》

離欲「煩惱」寂無所有，歸於澹泊悉無所生《磧砂藏》

校勘改作為：

離欲*煩惱☆寂無所有，歸於澹泊悉無所生

五、《大正藏》中有增衍者，本系列經典校勘刪除後，以「①」符號表示之，其中圓圈內之數目，代表刪除之字數。

如《佛說如幻三昧經》卷下之中：

尋便滅「除，除不與合」《大正藏》

尋便滅「除，不與合會」《磧砂藏》

校勘改作為：

尋便滅除，①不與合⊙會

六、《大正藏》中有脫落者，本系列經典校勘後，以下列符號表示之：

㈠脫落補入單字者，在補入字的右上方，以「⊙」符號表示之。

如《大寶積經》卷一百三〈善住意天子會〉之〈文殊神變品第三〉中：

文殊師利後「善住發」《大正藏》

文殊師利後「善住意發」《磧砂藏》

校勘改作為：

文殊師利後善住⊙意發

㈡脫落補入二字以上者，在補入之最初字的右上方，以「⊙」符號表示之；並在補入之最末字的右下方，以「☆」符號表示之。

如《觀佛三昧海經》卷六〈觀四威儀品第六之一〉之中：

阿難在右，「羅睺佛後」《大正藏》

阿難在右，「羅睺羅在佛後」《磧砂藏》

校勘改作為：

阿難在右，羅睺⊙羅在☆佛後

七、本系列經典依校勘之原則，而無法以前面之各種校勘符號表示清楚者，則以「㊟」表示之，並在經文之後作說明。

八、《大正藏》中，凡不影響經義之正俗字（如：恆、恒）、通用字（如：蓮「華」、蓮「花」）、譯音字（如：目「犍」連、目「乾」連）等彼此不一者，本系列經典均不作改動或校勘。

九、《大正藏》中，凡現代不慣用的古字，本系列經典則以教育部所頒行的常用字取代之（如：讃→讚），而不再詳以對照表說明。

十、凡《大正藏》經文內本有的小字夾註者，本系列經典均以小字雙行表示之。

十一、凡《大正藏》經文內之咒語，其斷句以空格來表示。若原文上有斷句序號而未空格時，則本系列經典均於序號之下，加空一格；但若作校勘而有增補空格或刪除原文之空格時，則仍以「◎」、「①」符號校勘之。又原文若無序號亦未斷句者，則維持原樣。

十二、本系列經典之經文，採用中明字體，而其中之偈頌、咒語等，皆採用正楷字體。另若有序文、跋或作註釋說明時，則採用仿宋字體。

十三、本系列經典所作之標點、分段及校勘等，以儘量順於經義為原則，來方便讀者之閱讀。

坐禪三昧經典序

本經集包括了《坐禪三昧經》、《禪秘要法經》、《禪法要解》、《思惟略要法》及《五門禪經要用法》等五本重要禪經，宣說佛門中基本而重要的禪觀法門。

《坐禪三昧經》有上、下二卷首尾一貫，敍述繁簡得宜，組織整然，內容充實，應被推許為禪經中第一的經典。經文首先以五言四句偈共四十三偈，明示依禪法實修而解脫生死輪迴；其次，行文的首段舉出師長一開始如何啟示初學坐禪的人，進而描述沈溺於貪、瞋、癡三毒之徒，其性情、相貌的特色，並且說明如何對此等人授予適當的觀法，於是提示五種法門（即五停心觀），以之構成本經的序分。

五種法門，即：

第一、治貪欲法門——不淨觀。
第二、治瞋恚法門——慈心觀。
第三、治愚癡法門——因緣觀。
第四、治思覺法門——數息觀。
第五、治等分法門——念佛觀。

經中簡要地說明各法門的觀法，再以問答體詳敍之，並將行者的階段詳分為初習行、已習行、久習行等三品，此三品為五門所共通處。這五門中以第四數息觀的說明最為詳細，佔上卷的一半，此即所謂六妙門、十六特勝、六覺的詳細解釋。又於第五念佛門中，則一一說明佛的三十二相，八十種好。

接著指出以上五門禪法均只攝于欲界定，並指出其不完全之處，以進而明示初禪之德，而導介初禪；之後，更舉出初禪的缺陷，使入二禪；再依次使入於三禪、四禪，更進而說明無色界的四定，並略述藉四無量心之禪觀可獲得五通，隨後說明第一神足通。

於此又指出佛子修五門禪，最後所達到之境界為涅槃，而能達此涅槃者，有二種根機：一、是先以定為主，後得觀智者；二、是先以觀智為主，後得定者。就前者言，即進向五門禪後，按四禪、四無色定、四無量觀、得五通的次第依序進展，最後為破除顛倒妄見以獲正智，並說明應打破淨、樂、我、常四倒見，而安住於不淨、苦、無我、無常的正見。進而由四念處觀的說明，依次說明觀智的進展，即自四念處觀、四諦十六行相觀、四善根位、無漏十六心、見修二道、須陀洹，以此為始而一一說明四向四果，言簡意賅，最後則描述阿羅漢的究竟位，解脫而得涅槃之相。

隨著羅漢之獲涅槃，其次略述與其不同的辟支佛成就涅槃；辟支佛是位於羅漢及菩薩之間的中根機。

後則明示菩薩道的禪觀，並不同於聲聞的五種禪觀之以進至涅槃為究竟目的，而是以成佛道為修五種禪觀的理想。其次敍述菩薩道的念佛觀、不淨觀、慈心觀、因緣觀、數息觀等五種法門的特性，最後以修禪者的實際心得，明示禪教應善處、辨知時宜及方便，並以七言四句的二十偈結束本經。菩薩禪觀的特質與五種法門之相通處，有念願渡濟衆生、通達諸法本空之理、了知諸法實相等三點。五種法門中，以因緣觀的說明最為詳細，其中述及十二因緣各支、十二因緣空以及此二者與實相、四諦、三十七道品等的關係。至於數息觀方面，則言三忍明空理。念佛觀方面，雖言生身、法身二觀，但二身的概念似不出於小乘教義。

本經全體組織整然，內容充實，獨占諸禪經之鰲首。

《禪祕要法經》的內容大約陳述了三十種觀法，最後說明了為得阿羅漢道之數種觀法及坐禪行者的正確用心。三十種觀法雖一一均為依據本文之順序指示而命名，但文中第十四觀卻重覆了三次，同時也欠缺第二十八觀，雖各觀之前均列有異名，但也因此而使得個個觀名彼此間缺少判明。

本經約可分為三大段意：

第一段自第一觀始至第十八觀止，此是佛為聰慧多智卻又憍慢放逸之人說明了不淨觀法的種種形式。其中至第十一觀為止均在教導不淨觀的方法；十二至十七此四大觀則敍述如何使不淨觀逐漸遍滿於三千大千世界；第十八觀中更進一步略述了觀佛三昧，並指示觀法之得果，以連結前述的十八觀全體。

第二段包括十九、二十此二觀，乃佛緣於亂心、破戒、罪業深重之人，為除其罪法而說明了觀佛三昧。第十九觀為觀佛像之法，即觀佛像之相好、四威儀，並觀其為行者說法、灌頂等。在其次的第二十觀中，則針對觀佛三昧法尚未心穩之人，再加以補敍了數息觀；若以前面的不淨觀為基礎再加上數息觀，則依此即可對治貪欲，而成就觀佛法。

第三段即自第二十一觀至第三十觀之所餘部份，是佛為愚癡貢高又散亂放逸之人，將白骨觀法與四大觀法相互配合說明。其中至第二十五觀主要在教導由白骨觀漸次朝向四大觀前進之道程，以及於此進程中可得的煖法、頂法；第二十六觀之後則專門以白骨觀為依據而說明四大觀，並逐次地講解四向四果的階程。

以上的三十觀結束以後，即進入另一段次，指出由第三阿那含果進到第四羅漢果的方法，故簡單地說明了忍辱慈心觀、念佛觀（因念佛而致的法身觀）、十二因緣觀、數息觀、四大觀、空三昧等，以指導得以進致羅漢果之法門。其次舉出本經的數種名稱，並敍述依本經所示之觀法而行所能具有的德。更則論及坐禪實修者所應具的態度心得，而言習禪者必須遵守持戒、獨處、悔過、常坐之四法。再者，堅絕反對為名利而修禪、內心放逸而假言修禪的偽妄行者；並指出修禪者應密行密語，絕不能向他人訴說自己的境地，以免令他人混淆於此等習禪心得的說法中，而對佛法生疑惑心，招致對不淨觀法之德的不信。最後預示離佛世愈遠的衆生，其根機愈劣弱，因觀無常而得解脫者亦將次第減少；佛滅後，直至後一千五百年止，其解脫者的比例將以百年為一段而遞減。

本經作為一部禪經，其包含下列數點的特色：

第一、文中詳細地說明了禪定心理的過程。其中主要以不淨觀為基礎，而微密地敍述於觀法之心中所映現的，通常乃以觀一物為始，再次第地擴充及於全法界；進而更以一物之來去為順序，使用所謂十遍處觀之特色而行遍一切入之觀法；再由不淨觀進於淨觀，甚至達致非淨、非不淨的空三昧境地。

第二、本經所列舉的諸禪觀種類中，有為治憍慢放逸的不淨觀，有為去除罪障的觀佛三昧，有為治貪欲亂心的數息觀、為除貢高愚癡之白骨觀等四大觀，更有為得致阿羅漢果而接著敍說的慈心、念佛、因緣、數息、四大、空觀等等；種類雖紛雜，但於其中經常都是始終一貫地以不淨觀為起點，而為了完成各自法門的進展，才在此做為基礎的不淨觀之餘，又採用其他諸觀以做為法門的體幹。本經雖如其他諸禪經般，包含了所謂五停心觀的材料，但其影響力却遠較他經薄弱。另外，本經中雖曾分別針對諸病而顯示各種觀法，但其對諸病的類別却未深加用心；而就其經常以不淨觀做為對治諸病的諸禪觀之基礎此點言，本經在表現禪觀種類的態度上，確實和其他禪經有所不同。

第三、本經鮮少使用阿毗達磨的法相術語，特別是論及聲聞修道的階位時尤然。其他經在論及四善根、四向四果之位時，則定須明示如四念處觀、四諦十六行相、十六心無漏道等這般繁瑣的法相，若稍做猜想，在本經中則只單單列舉出暖法、頂法和四果的名稱，而究其觀法的內容，則以不淨觀為基本，簡單地敍述四大、念佛、數息、慈心、乃至前揭之諸觀法，其中却未曾接觸到四諦觀的行相，以及斷惑的次第。此大概是本經述作的意圖，原停留在阿含經典之變形，而對阿毗達磨論藏不感興趣之緣故吧！同時，文中關及大乘佛教的用語者，也僅有一回使用了六波羅蜜語，其餘像三乘之聖種，或者如實際、真如等語，也僅出現過二、三次；若就本經的思想言，其乃主張空觀，而稍稍接近大乘空觀，如同「『佛說諸法無來無去，一切性相皆亦空寂。諸佛如來是解脫身，解該身者則是真如，真如法中無見無得。』作此想時，自然當見一切諸佛」（卷上，第十一白骨流光觀）中，只是道接如此地接受般若空觀而已，但這却是本經接受此種空觀的唯一鮮明之處，因此可言：本經的立意並非在加入、申延大乘的教義。

第四、本經於說明坐禪的實際作法方面，較其他經詳細。如經初有言：「沙門法者，應當靜處敷尼師壇，結跏趺坐，齊整衣服，正身端坐，偏袒右肩，左手著右手上，閉目以舌拄腭，定心令住，不使分散。先當繫念著左脚大指上，締觀指半節」，此文雖非特別地詳細，但却也顯示出了一般的禪坐法。關於此類，如前所敍述，像種種說明習禪者應有的動機與心得一般，本經在對禪之實際性規定方面，則形成本經的特色之一。

《禪法要解》有二卷，為鳩摩羅什所譯，主旨在說明菩薩習禪的要法，經中初敍婬欲多者，應教觀不淨，並敍述不淨觀及淨觀等。接著敍述去除貪、瞋、痴、慢、疑等五蓋，修四禪的諸相，及說明慈、悲、喜、捨等四無量心，接著說明四空定、四諦觀的修習；及心專正、質直及慚愧等十事，及四如意足及五神通的修法等。

《思惟眠要法》內容從四無量心觀法到法華三昧觀法，是一篇略述十種觀法的經文。

本經雖說以五停心觀，為得證初禪的方便觀，但卻暗指利根之人，不經由此五門，也能得證初禪。如果把所敍述的十種觀法常做五門禪來看的話，第一的四無量觀法是慈心觀；第二不淨觀、第三白骨觀是不淨觀；第四觀佛三昧法、第五生身觀法、第六法身觀法、第七十方諸佛觀法、第八觀無量壽佛法等同念佛觀；

第九諸法實相觀雖由敍述看來可視作因緣觀，只是又可以解釋往生無量壽佛國之事，由此點看來，並不是不能視為念佛觀而攝於第八觀無量壽佛法之中；第十法華三昧觀法可以憶念《法華經》，它也可以默誦經中所說的釋迦牟尼佛、多寶如來乃至十方的分身化佛，因為和南無佛並稱，所以是無二亦無三，於一切衆生的一門一相均可作佛；由於有普賢菩薩騎著六牙的白象現身行者面前，因此也可以再次視為念佛觀的範圍。雖然本經五門禪中數息觀的說明完全沒有，全篇的十種觀法已約略可以看出是屬於其他的四門禪，可是如果詳細觀察，本經的意圖當不只拘泥於此分類！

本經出色的地方當然是轉移禪修者對五門禪觀的注意，特別是觀無量壽佛法、諸法實相觀法以及法華三昧觀法，這三觀一定要獨立標示、敍述。觀無量壽佛法也是受《觀無量壽經》所影響的吧！其內容是停留在觀想念佛上，說明己身得證無生忍得以往生其佛土，而接納當時的阿彌陀佛信仰，將其當做是禪觀修道的一法，也應該注意。諸法實相觀也說明了諸法的因緣、空、無生，婬怒癡即實相，諸法畢竟清淨而成為大乘空觀的實踐修道。法華三昧觀法很清楚地是以《法華經》為基準，以三七日為期限，確立憶念《法華經》的修行，乃至於前面的敘述大抵都是依照《法華經》而說明的。另外雖然《法華三昧經》也被傳譯，但是現今的觀法都是依照《法華經》，就其中《方便品》、《見寶塔品》、《勸發品》所說，以禪觀修道之一法為獨立標題而敘述的。比起其他禪經以小乘禪觀為主，只在後部附加大乘觀法說明的態度，本經中之大乘禪觀當然處於重要地位。本經和有關阿毗達磨修道的法相一點也沒有砥觸，全經的重點就在於擁有這三種大乘觀法之感覺，這不可不說是本經獨特之點。

《五門禪經要用法》這是標示以五門禪來對治五類衆生的染毒的禪經。其中亂心多者以安般（數息）觀對治，貪愛多者以不淨觀對治，瞋恚多者以慈心觀對治，著我多者以因緣觀對治，心沒沈寂者以念佛觀對治。其內容約與《坐禪三昧經》等相同，敘述佛法的基礎禪觀。

這本坐禪經典的集成，提供了坐禪行人完整而重要的修行禪法，希望能使修行人得到廣大的利益。

目錄

坐禪三昧經

坐禪三昧經卷上

姚秦三藏鳩摩羅什譯

導師說難遇，聞者喜亦難，大人所樂聽，小人所惡聞。
衆生可愍傷，墜老死嶮路，野人恩愛奴，處畏癡不懼。
世界若大小，法無有常者，一切不久留，暫現如電光。
是身屬老死，衆病之所歸，薄皮覆不淨，愚惑為所欺。
汝常為老賊，吞滅盛壯色，如華鬘枯朽，毀敗無所直。
頂生王功德，共釋天王坐，報利福弘多，今日悉安在？
此王天人中，欲樂具為最，死時極苦痛，以此可悟意。
諸欲初軟樂，後皆成大苦，亦如怨初善，滅族禍在後。

是身為穢器，九孔常流惡，亦如那利瘡，絕治於醫藥。
骨車力甚少，筋脈纏識轉，汝以為妙乘，忍著無羞恥。
死人所聚處，委棄滿塚間，生時所保惜，死則皆棄捐。
常當念如是，一心觀莫亂，破癡倒黑瞑，執炬以明觀。
若捨四念止，心無惡不造，如象逸無鉤，終不順調道。
今日營此業，明日造彼事，樂著不觀苦，不覺死賊至。
忽忽為己務，他事亦不閑，死賊不待時，至則無脫緣。
如鹿渴赴泉，已飲方向水，獵師無慈惠，不聽飲竟殺。
癡人亦如是，懃修諸事務，死至不待時，誰當為汝護？
人心期富貴，五欲情未滿，諸大國王輩，無得免此患。
仙人持呪箭，亦不免死生，無常大象蹈，蟻蛭與地同。
且置一切人，諸佛正真覺，越度生死流，亦復不常在。
以是故當知，汝所可愛樂，悉應早捨離，一心求涅槃。

大怖俱未免，當宜懃精進，一切苦至時，悔恨無所及。
衲衣樹下坐，如所應得食，勿為貪味故，而自致毀敗。
食過知味處，美惡都無異，愛好生憂苦，是以莫造愛。
行業世界中，美惡無不更，一切已具受，當以是自抑。
若在畜獸中，噉草為具味；地獄吞鐵丸，燃熱劇迸鐵；
若在薜荔中，膿吐火糞屎，涕唾諸不淨，以此為上味；
若在天宮殿，七寶宮觀中，天食蘇陀味，天女以娛心；
人中務貴處，七饌備衆味，一切曾所更，今復何以愛？
往返世界中，厭更苦樂事，雖未得涅槃，當懃求此利。

學禪之人初至師所，師應問言：「汝持戒淨不？非重罪惡邪不？」若言五衆戒淨，無重罪惡邪，次教道法。若言破戒，應重問言：「汝破何戒？」若言重戒，師言：「如人被截耳鼻不須照鏡，汝且還去，精懃誦經，勸化作福，可種後世道法因緣，此生永棄，譬如枯樹雖加溉灌，不生華葉及其果實。」若破餘戒，是時應教如法懺悔。若已清淨，師若得天眼、他心智，即為隨病說趣道之法。若未得通，應當觀相，或復問之：「三毒之中何者偏重？婬欲多耶？瞋恚多耶？愚癡多耶？」

云何觀相？若多婬相，為人輕便，多畜妻妾多語多信，顏色和悅言語便易，少於瞋恨亦少愁憂，多能技術好聞多識，愛著文頌善能談論，能察人情多諸畏怖。心在房室好著薄衣，渴欲女色，愛著臥具、服飾、香華。心多柔軟能有憐愍，美於言語好修福業，意樂生天處眾無難，別人好醜信任婦女，欲火熾盛心多悔變，憙自莊飾好觀綵畫，慳惜己物僥倖他財，好結親友不憙獨處，樂著所止隨逐流俗，乍驚乍懼志如獼猴，所見淺近作事無慮，輕志所為趣得適意，憙啼憙哭。身體細軟不堪寒苦，易阻易悅不能忍事，少得大喜少失大憂，自發伏匿身溫汗臭，薄膚細髮多皺多白，剪爪治鬚白齒趣行，憙潔淨衣。學不專一好遊林苑，多情多求意著常見，附近有德先意問訊。憙用他語強顏耐辱，聞事速解所為事業，分別好醜愍傷苦厄，自大好勝不受侵欺，憙行施惠接引善人，得美飲食與人共之。不存近細志在遠大，眼著色欲事不究竟，無有遠慮知世方俗，觀察顏色逆探人心，美言辯慧結友不固，頭髮稀疎少於睡眠，坐臥行立不失容儀。所有財物能速救急，尋後悔惜，受義疾得尋復憙忘，惜於舉動難自改變，難得離欲作罪輕微。如是種種是婬欲相。

瞋恚人相，多於憂惱卒暴懷忿，身口麁獷能忍衆苦，觸事不可多愁少歡，能作大惡無憐愍心，憙為鬪訟。顏貌毀悴皺眉眄睞，難語難悅難事難可，其心如瘡而宣人闕，義論強梁不可折伏，難可傾動難親難沮，含毒難吐受誦不失。多能多巧心不懶墮，造事疾速持望不語，意深難知受恩能報，有能聚衆自伏事人，不可沮敗能究竟事，難可干亂少所畏難，譬如師子不可屈伏，一向不迴直造直進。憶念不忘多慮思惟誦習憶持，能多施與小利不迴，為師利根，離欲獨處少於婬欲，心常懷勝愛著斷見。眼常惡視，真實言語說事分了，少於親友，為事堅著堅憶不忘，多於筋力肩胸姝大廣額齊髮，心堅難伏疾得難忘，能自離欲憙作重罪。如是種種是瞋恚相。

愚癡人相，多疑多悔懶墮無見，自滿難屈憍慢難受，可信不信非信而信，不知恭敬處處信向，多師輕躁無羞搪突，作事無慮反教渾戾。不擇親友不自修飾，好師異道不別善惡，難受易忘鈍根懈怠，訶謗行施心無憐愍，破壞法橋觸事不了。瞋目不視，無有智巧，多求悕望多疑少信，憎惡好人破罪福報，不別善言不能解過，不受誨喻親離憎怨。不知禮節憙作惡口，鬚髮爪長齒衣多垢，為人驅役畏處不畏，樂處而憂憂處而喜，悲處反笑笑處反悲，牽而後隨，能忍苦事不別諸味，難得離欲為罪深重。如是種種是愚癡相。

若多婬欲人，不淨法門治；若多瞋恚人，慈心法門治；若多愚癡人，思惟觀因緣法門治；若多思覺人，念息法門治；若多等分人，念佛法門治。諸如是等種種病，種種法門治。

第一、治貪欲法門

婬欲多人，習不淨觀。從足至髮不淨充滿，髮毛、爪齒、薄皮、厚皮、血肉、筋脈、骨髓、肝肺、心脾、腎胃、大腸、小腸、屎尿、洟唾、汗淚、垢坋、膿腦、胞膽、水、微膚、脂肪、腦膜，身中如是種種不淨。復次，不淨漸者，觀青瘀膖脹，破爛血流，塗漫臭膿，噉食不盡，骨散燒焦，是謂不淨觀。復次，多婬人有七種愛：或著好色，或著端正，或著儀容，或著音聲，或著細滑，或著眾生，或都愛著。若著好色，當習青瘀觀法，黃赤不淨色等亦復如是。若著端正，當習膖脹身散觀法。若著儀容，當觀新死血流塗骨觀法。若著音聲，當習咽塞命斷觀法。若著細滑，當習骨見及乾枯病觀法。若愛眾生，當習六種觀。若都愛著，一切遍觀，或時作種種更作異觀。是名不淨觀。

問曰：「若身不淨如臭腐屍者，何從生著？」

「若著淨身，臭腐爛身亦當應著；若不著臭身，淨身亦應不著，二身等故。若求二實淨俱不可得，人心狂惑為顛倒所覆，非淨計淨；若倒心破便得實相法觀，便知不淨虛誑不真。復次，死屍無火、無命、無識、無有諸根，人諦知之心不生著。以身有暖、有命、有識、諸根完具，心倒惑著。復次，心著色時謂以為淨，愛著心息即知不淨。若是實淨應當常淨，而今不然；如狗食糞謂之為淨，以人觀之甚為不淨，是身內外無一淨處。若著身外，身外薄皮舉身取之，纔得如㯽是亦不淨，何況身內三十六物！復次，推身因緣種種不淨，父母精血不淨合成，既得為身常出不淨，衣服床褥亦臭不淨，何況死處！以是當知，生死內外都是不淨此下經本至二門初。」

復次，觀亦有三品，或初習行、或已習行、或久習行。若初習行，當教言：「作破皮想除卻不淨，當觀赤骨人，繫意觀行不令外念，外念諸緣攝念令還。」若已習行，當教言：「想卻皮肉盡觀頭骨不令外念，外念諸緣攝念令還。」若久習行，當教言：「身中一寸心卻皮肉，繫意五處：頂、額、眉間、鼻端、心處，如是五處住意觀骨，不令外念，外念諸緣攝念令還。」常念觀心，心出制持；若心疲極住念所緣，捨外守住。譬如獼猴被繫在柱，極乃住息，所緣如柱，念如繩鎖，心喻獼猴。亦如乳母，常觀嬰兒不令墮落，行者觀心亦復如是，漸漸制心令住緣處，若心久住是應禪法。若得禪定即有三相，身體和悅柔軟輕便，白骨流光猶如白珂，心得靜住，是為觀淨。是時便得色界中心，是名初學禪法得色界心。心應禪法即是色界法，心得此法身在欲界，四大極大柔軟快樂，色澤淨潔光潤和悅，調悅樂。二者、向者骨觀白骨相中光明遍照淨白色。三者、心住一處是名淨觀，除肉觀骨故名淨觀。如上三相皆自知之，他所不見。上三品者，初習行先未發意，已習行三四身修，久習行百年身學。

第二、治瞋恚法門

若瞋恚偏多，當學三種慈心法門，或初習行、或已習行、或久習行。若初習行者，當教言：「慈及親愛。云何親及願與親樂？行者若得種種身心快樂，寒時得衣，熱時得涼，飢渴得飲食，貧賤得富貴，行極時得止息，如是種種樂願親愛得，繫心在慈不令異念，異念諸緣攝之令還。」若已習行，當教言：「慈及中人。云何及中人而與樂？行者若得種種身心快樂，願中人得，繫心在慈不令異念，異念諸緣攝之令還。」若久習行，當教言：「慈及怨憎。云何及彼而與其樂？行者若得種種身心快樂，願怨憎得，得與親同，同得一心，心大清淨，親中怨等廣及世界，無量衆生皆令得樂，周遍十方靡不同等，大心清淨見十方衆生皆如自見，在心目前了了見之受得快樂，是時即得慈心三昧。」

問曰：「親愛、中人願令得樂，怨憎惡人云何憐愍復願與樂？」

答曰：「應與彼樂，所以者何？其人更有種種好清淨法因，我今云何豈可以一怨故而沒其善？復次，思惟是人過去世時，或是我親善，豈以今瞋更生怨惡？我當忍彼，是我善利。又念行法仁德含弘，慈力無量此不可失。復思惟言：『若無怨憎何因生忍？生忍由怨，怨則我之親善。復次，瞋報最重，衆惡中上無有過是。以瞋加物其毒難制，雖欲燒他實是自害。』復自念言：『外被法服內習忍行是謂沙門，豈可惡聲縱此變色憋心？復次，五受陰者，衆苦林藪受惡之的，苦惱惡來何由可免？如刺刺身，苦刺無量，衆怨甚多不可得除，當自守護著忍革屣。』」如佛言曰：

以瞋報瞋，　瞋還著之，　瞋恚不報，　能破大軍。

能不瞋恚，是大人法，小人瞋恚，難動如山。
瞋為重毒，多所殘害，不得害彼，自害乃滅。
瞋為大瞑，有目無覩；瞋為塵垢，染污淨心。
如是瞋恚，當急除滅，毒蛇在室，不除害人。
如是種種，瞋毒無量，常習慈心，除滅瞋恚。
是為慈三昧門。

第三、治愚癡法門

若愚癡偏多，當學三種思惟法門，或初習行、或已習行、或久習行。若初習行，當教言：「生緣老死，無明緣行，如是思惟不令外念，外念諸緣攝之令還。」若已習行，當教言：「行緣識，識緣名色，名色緣六入，六入緣觸，觸緣受，受緣愛，愛緣取，取緣有。如是思惟不令外念，外念諸緣攝之令還。」若久習行，當教言：「無明緣行，行緣識，識緣名色，名色緣六入，六入緣觸，觸緣受，受緣愛，愛緣取，取緣有，有緣生，生緣老死。如是思惟不令外念，外念諸緣攝之令還。」

問曰：「一切智人是有明，一切餘人是無明，是中云何無明？」

答曰：「無明名一切不知，此中無明能造後世有，有者無，無者有；棄諸善，取諸惡；破實相，著虛妄。如無明相品中說：

不明白益法，　不知道德業，　而作結使因，　使火鑽燧生。
惡法而心著，　遠棄於善法，　奪衆生明賊，　去來明亦劫。
常樂我淨想，　計於五陰中，　苦習盡道法，　亦復不能知。
種種惱險道，　盲人入中行，　煩惱故業集，　業故苦流迴。
不應取而取，　應取而反棄，　馳闇逐非道，　蹴株而躃地。
有目而無慧，　其喻亦如是，　是因緣滅故，　智明如日出。

如是略說無明，乃至老死亦如是。」

問曰：「佛法中因緣甚深，云何癡多人能觀因緣？」

答曰：「三種癡人：一、如牛羊，二、種種邪見癡惑闇蔽。邪見癡人，佛為此說當觀因緣以習三昧。」

第四、治思覺法門

若思覺偏多，當習阿那般那三昧法門。有三種學人，或初習行、或已習行、或久習行。若初習行，當教言：「一心念數入息、出息，若長、若短，數一至十。」若已習行，當教言：「數一至十隨息入出，念與息俱，止心一處。」若久習行，當教言：「數、隨、止、觀、轉觀、清淨，阿那般那三昧六種門十六分。」云何為數？一心念入息，入息至竟數一，出息至竟數二，若未竟而數為非數。若數二至九而誤，更從一數起，譬如算人一一為二，二二為四，三三為九。

問曰：「何以故數？」

答曰：「無常觀易得故，亦斷諸思覺故，得一心故，身心生滅無常相似相續難見，入息出息生滅無常易知易見故。復次，心繫在數，斷諸思諸覺。思覺者，欲思覺、恚思覺、惱思覺、親里思覺、國土思覺、不死思覺。欲求淨心入正道者，先當除卻三種麁思覺，次除三種細思覺；除六覺已，當得一切清淨法。譬如採金人先除麁石砂，然後除細石砂，次第得細金砂。」

問曰：「云何為麁病？云何為細病？」

答曰：「欲、瞋、惱覺是三名麁病，親里、國土及不死覺是三名細病。除此覺已，得一切清淨法。」

問曰：「未得道者結使未斷，六思覺強從心生亂，云何能除？」

答曰：「心厭世間，正觀能遮而未能拔；後得無漏道，能拔結使根本。何謂正觀？

見多欲人求欲苦，得之守護是亦苦，失之憂惱亦大苦，心得欲時無滿苦。
欲無常空憂惱因，眾共有此當覺棄，譬如毒蛇入人室，不急除之害必至。
不定不實不貴重，種種欲求顛倒樂，如六神通阿羅漢，教誨欲覺弟子言：
汝不破戒戒清淨，不共女人同室宿，欲結毒蛇滿心室，纏綿愛喜不相離。

既知身戒不可毀，汝心常共欲火宿，汝是出家求道人，何緣縱心乃如是？
父母生養長育汝，宗親恩愛共成就，咸皆涕泣戀惜汝，汝能捨離不顧念。
而心常在欲覺中，共欲嬉戲無厭心，常樂欲火共一處，歡喜愛樂不暫離。

如是種種呵欲覺，如是種種正觀除欲覺。」

問曰：「云何滅瞋恚覺？」

答曰：

從胎中來生常苦，是中眾生莫瞋惱。若念瞋惱慈悲滅，慈悲瞋惱不相比，
汝念慈悲瞋惱滅，譬如明闇不同處。若持淨戒念瞋恚，是人自毀破法利，
譬如諸象入水浴，復以泥土塗坌身。一切常有老病死，種種鞭笞百千苦，
云何善人念眾生，而復加益以瞋惱？若起瞋恚欲害彼，未及前人先自燒，
是故常念行慈悲，瞋惱惡念內不生。若人常念行善法，是心常習佛所念，
是故不應念不善，常念善法歡樂心。今世得樂後亦然，得道常樂是涅槃，
若心積聚不善覺，自失己利并害他。是謂不善彼我失，他有淨心亦復沒，

譬如阿蘭若道人，舉手哭言賊劫我。
有人問言：「誰劫汝？」
答言：「財賊我不畏，我不聚財求世利，誰有財賊能侵我？我集善根諸法寶，覺觀賊來破我利；財賊可避多藏處，劫善賊來無處避。如是種種呵瞋恚，如是種種正觀除瞋恚覺。」
問曰：「云何除惱覺？」
答曰眾生百千種，諸病更互恒來惱，死賊捕伺常欲殺，無量眾苦自沈沒。云何善人復加惱，讒謗謀害無慈仁，未及傷彼被殃身。俗人起惱是可恕，此事世法惡業因，亦不自言我修善。求清淨道出家人，而生瞋恚懷嫉心，清冷雲中放毒火，當知此惡罪極深。阿蘭若人興嫉妒，有阿羅漢他心智，教誡苦責汝何愚，嫉妒自破功德本。若求供養當自集，諸功德本莊嚴身。若不持戒禪多聞，虛假染衣壞法身，實是乞兒弊惡人，云何求供養利身？飢渴寒熱百千苦，眾生常困此諸惱，身心苦厄無窮盡，云何善人加諸惱？

譬如病瘡以針刺，亦如獄囚考未決，苦厄纏身衆惱集，云何慈悲更令劇？

「如是種種呵惱覺，如是種種正觀除惱覺。」

問曰：「云何除親里覺？」

答曰：「應如是念，世界生死中自業緣牽，何者是親？何者非親？但以愚癡故橫生著心，計為我親。過去世非親為親，未來世非親為親，今世是親過去非親。譬如鳥栖暮集一樹，晨飛各隨緣去，家屬親里亦復如是，生世界中各各自異心，緣會故親，緣散故踈，無有定實，因緣果報共相親近，譬如乾沙緣手團握，緣捉故合緣放故散。父母養子老當得報，子蒙懷抱養育故應報，若順其意則親，若逆其意是賊，有親不能益而反害，有非親無損而大益。人以因緣故而生愛，愛因緣故而更斷，譬如畫師作婦女像還自愛著，此亦如是自生染著，染著於外。過去世中汝有親里，今世於汝復何所作？汝亦不能益過去親，過去親不益汝，兩不相益，空念之為是親、非親。世界中不定無邊，如阿羅漢教新出家戀親弟子言：『如惡人吐食更欲還噉，汝亦如是。汝已得出家，何以還欲愛著？是剃髮染衣是解脫相，汝著親里不得解脫，還為愛所繫。』三界無常流轉不定，若親、非親，雖今親里久久則滅；如是十方衆生迴轉，親里無定是非我親。人欲死時，無心無識直視不轉，閉氣命絕如墮闇坑，是時親里家屬安在？若初生時，先世非親今強和合作親，若當死時復非親。如是思惟，不當著親。如人兒死，一時三處父母俱時啼哭，誑天上父母、妻子，人中亦為誑，龍中父母亦為誑，如是種種正觀除親里覺。」

問曰：「云何除國土覺？」

答曰：「行者若念是國土豐樂安隱，多諸好人，恒為國上覺繩所牽，將去罪處覺心如是，若有智人不應念著。何以故？國土種種過罪所燒，時節轉故；亦有飢餓身疲極故，一切國土無常安者。復次，老病死苦無國不有，從是間身苦去，得彼處身苦，一切國土去無不苦。假有國土安隱豐樂，而有結惱心生苦患，是非好國土。能除雜惡國土，能薄結使令心不惱，是謂好國土。一切衆生有二種苦：身苦、心苦，常有苦惱，無有國土無此二惱。復次，有國土大寒，有國土大熱，有國土飢餓，有國土多病，有國土多賊，有國土王法不理，如是種種國土之惡心不應著，如是正觀除國土覺。」

問曰：「云何除不死覺？」

答曰：「應教行者，若好家生，若種族子，才技力勢勝人，一切莫念。何以故？一切死時，不觀老少、貴賤、才技、力勢。是身是一切憂惱諸因緣因，自見少多壽，若得安隱是為癡人。何以故？是謂憂惱因依是四大，四大造色如四毒蛇共不相應，誰得安隱者？出息期入是不可信。復次，人睡時欲期必覺，是事難信。受胎至老，死事恒來求死時節，言常不死云何可信？譬如殺賊拔刀注箭，常求殺人無憐愍心。人生世間死力最大，一切無勝死力強者，若過去世第一妙人無能脫此死者，現在亦無大智人能勝死者，亦非軟語求，非巧言誑可得避脫，亦非持戒精進能卻此死。以是故，當知人常危脆不可怙恃，莫信計常我壽久活。是諸死賊常將人去，不付老竟然後當殺，如阿羅漢教諸覺所惱弟子言：『汝何以不知厭世入道？何以作此覺？』有人未生便死，有生時死者，有乳餔時、有斷乳時、有小兒時、有盛壯時、有老時，一切時中間死法界，譬如樹華，華時便墮，有果時墮，有未熟時墮。是故當知勤力精進求安隱道，大力賊共住不可信，此賊如虎巧覆藏身，如是死賊常求殺人。世界所有空如水泡，云何當言待時入道？何誰能證言汝必老可得行道？譬如嶮岸大樹，上有大風，下有大水，崩其根土，誰當信此樹得久住者？人命亦如是，少時不可信。父如穀子，母如好田，先世因緣罪福如雨澤，衆生如穀，生死如收刈。種種諸天子人王智德，如天王佐天鬪破諸阿須倫軍，種種受樂極高大明，還沒在黑闇。以是故莫信命活言：『我今日當作此，明後當作是。』如是正觀種種除不死覺。」

如是先除麤思覺，卻後除細思覺，心清淨生得正道，一切結使盡，從是得安隱處，是謂出家果。心得自在，三業第一清淨不復受胎，讀種種經多聞，是時得報果。如是得時，不空破魔王軍，便得第一勇猛，名稱世界中，煩惱將去，是不名健。能破煩惱賊，滅三毒火涼樂清淨，涅槃林中安隱高枕，種種禪定、根力、七覺清風四起，顧念衆生沒三毒海，德妙力如是，乃名為健。如是等散心當念阿那般那，學六種法斷諸思覺，以是故念數息。

問曰：「若餘不淨、念佛四等觀中，亦得斷思覺，何以故獨數息？」

答曰：「餘觀法寬難失故，數息法急易轉故。譬如放牛，以牛難失故守之少事，如放獮猴易失故守之多事，此亦如是。數息心數不得少時他念，少時他念則失數，以是故初斷思覺應數息。」

已得數法，當行隨法斷諸思覺，入息至竟當隨莫數一，出息至竟當隨莫數二；譬如負債人，債主隨逐初不捨離。如是思惟，是入息是還，出更有異；出息是還，入更有異，是時知入息異、出息異。何以故？出息暖，入息冷。

問曰：「入出息是一息，何以故？出息還更入故。譬如含水水暖，吐水水冷，冷者還暖，暖者還冷故。」

答曰：「不爾。內心動故有息出，出已即滅；鼻口引外則有息入，入故息滅；亦無將出，亦無將入。復次，少、壯、老人，少者入息長，壯者入出息等，老者出息長，是故非一息。復次，臍邊風發相似相續，息出至口、鼻邊，出已便滅，譬如橐囊中，風開時即滅。若以口鼻因緣引之則風入，是從新因緣邊生；譬如扇，衆緣合故則有風，是時知入出息因緣而有，虛誑不真生滅無常。如是思惟，出息從口鼻因緣引之而有，入息因緣心動令生，而惑者不知，以為我息。息者是風，與外風無異，地、水、火、空亦復如是；是五大因緣合故生識，識亦如是非我有也。五陰、十二入、十八持，亦復如是。如是知之逐息入、息出，是以名隨。已得隨法，當行止法。止法者，數、隨心極，住意風門念入、出息。」

問曰：「何以故止？」

答曰：「斷諸思覺故，心不散故，數、隨息時心不定，心多劇故。止則心閑少事故，心住一處故念息出入。譬如守門人門邊住，觀人入出。止心亦爾，知息出時，從臍心胸咽至口鼻；息入時，從口鼻咽胸心至臍，如是繫心一處，是名為止。」

復次，心止法中住觀。入息時，五陰生滅異；出息時，五陰生滅異，如是心亂便除卻，一心思惟令觀增長，是名為觀法。

捨風門住離麁觀法，離麁觀法知息無常，此名轉觀。觀五陰無常，亦念入息、出息生滅無常。見初頭息無所從來，次觀後息亦無跡處，因緣合故有，因緣散故無，是名轉觀法。除滅五蓋及諸煩惱，雖先得止觀，煩惱不淨心雜，今此淨法心獨得清淨。

復次，前觀異學相似行道念息入出，今無漏道相似行善有漏道，是謂清淨。

復次，初觀身念止分，漸漸一切身念止；次行痛、心念止，是中非清淨，無漏道遠故。今法念止中，觀十六行念入出息，得煖法、頂法、忍法、世間第一法、苦法忍，乃至無學盡智，是名清淨。是十六分中，初入息分，六種安那般那行，出息分亦如是。一心念息入出，若長、若短。譬如人怖走上山，若擔負重、若上氣，如是比是息短；若人極時得安息歡喜，又如得利從獄中出，如是為息長。一切息隨二處，若長、若短處，是故言息長、息短，是中亦行安那般那六事。

念諸息遍身，亦念息出入，悉觀身中諸出息、入息，覺知遍至身中乃至足指，遍諸毛孔，如水入沙；息出覺知從足至髮，遍諸毛孔，亦如水入沙，譬如橐囊入出皆滿。口鼻風入出亦爾，觀身周遍見風行處，如藕根孔，亦如魚網；復心非獨口鼻觀息入出，一切毛孔及九孔中亦見息入息出，是故知息遍諸身。

除諸身行，亦念入出息。初學息時，若身懈怠睡眠體重悉除棄之，身輕柔軟。隨禪定心受喜，亦念息入出，除懈怠睡眠心重，得心輕柔軟，隨禪定心受喜復次，入息念止中竟，次行痛、念止已得身念止，實今更得痛、念止實受喜。復次，已知身實相，今欲知心、心數法實相，是故受喜亦念息入出。愛樂，亦念息入出，是喜增長名為樂。復次，初心中生悅是名喜，後遍身喜是名樂。復次，初禪二禪中樂痛名喜，三禪中樂痛名受樂。受諸心行，亦念息入出，諸心生滅法、心染法、心不染法、心散法、心攝法、心正法、心邪法，如是等諸心相名為心行。心作喜時，亦念息入出，先受喜自生不故作，念心故作喜。

問曰：「何以故，故作喜？」

答曰：「欲治二種心，或散心、或攝心。如是作心得出煩惱，是故念法心作喜。復次，若心不悅勸勉令喜。」

心作攝時，亦念息入出。設心不定強伏令定，如經中說：「心定是道，心散非道。」心作解脫時，亦念息入出。若意不解強伏令解，譬如羊入蒼耳，蒼耳著身，人為漸漸出之，心作解脫諸煩惱結亦復如是，是名心念止作解脫。

觀無常，亦念息入出。觀諸法無常生滅，空無吾我；生時諸法空生，滅時諸法空滅，是中無男、無女、無人、無作、無受，是名隨無常觀。觀有為法出散，亦念息入出無常，是名出散。諸有為法現世中出，從過去因緣和合故集，因緣壞故散，如是隨觀是名出散觀。觀離欲結，亦念息入出，心離諸結是法第一，是名隨離欲觀。觀盡，亦念息入出；諸結使苦在在處盡，是處安隱，是名隨盡觀。觀棄捨．亦念息入出；諸染愛煩惱身心五陰諸有為法棄捨，是第一安隱，如是觀是名隨法意止觀。是名十六分。

第五、治等分法門

第五法門治等分行，及重罪人求索佛，如是人等當教一心念佛三昧。念佛三昧有三種人，或初習行、或已習行、或久習行。若初習行人，將至佛像所，或教令自往諦觀佛像相好，相相明了，一心取持還至靜處，心眼觀佛像令意不轉，繫念在像不令他念，他念攝之令常在像。若心不住，師當教言：「汝當責心：由汝受罪不可稱計，無際生死種種苦惱無不更受。若在地獄，吞飲洋銅，食燒鐵丸；若在畜生，食糞噉草；若在餓鬼，受飢餓苦；若在人中，貧窮困厄；若在天上，失欲憂惱。常隨汝故，令我受此種種身惱、心惱、無量苦惱。今當制汝，汝當隨我，我今繫汝一處，我終不復為汝所困，更受苦毒也。汝常困我，我今要當以事困汝。如是不已，心不散亂。是時便得心眼見佛像相光明，如眼所見無有異也。」如是心住，是名初習行者思惟。

是時當更念言：「是誰像相？則是過去釋迦牟尼佛像相，如我今見佛形像，像亦不來，我亦不往。」如是心想見過去佛。初降神時震動天地，有三十二相大人相：一者、足下安平立，二者、足下千輻輪，三者、指長好，四者、足跟廣，五者、手足指合縵網，六者、足趺高平好，七者、伊尼延鹿蹲，八者、平住手過膝，九者、陰馬藏相，十者、尼俱盧陀身，十一者、一一孔一一毛生，十二者、毛生上向而右旋，十三者、身色勝上金，十四者、身光面一丈，十五者、皮薄好，十六者、七處滿，十七者、兩腋下平好，十八者、上身如師子，十九者、身大好端直，二十者、肩圓好，二十一者、四十齒，二十二者、齒白齊密等而根深，二十三者、四牙白而大，二十四者、頰方如師子，二十五者、味中得上味，二十六者、舌大廣長而薄，二十七者、梵音深遠，二十八者、迦蘭頻伽聲，二十九者、眼紺青色，三十者、眼睫如牛王，三十一者、頂髮肉骨成，三十二者、眉間白毛長好右旋。

復次，八十種小相：一者、無見頂；二者、鼻直高好孔不現；三者、眉如初生月紺琉璃色；四者、耳好；五者、身如那羅延；六者、骨際如鉤鎖；七者、身一時迴如象王；八者、行時足去地四寸而印文現；九者、爪如赤銅色薄而潤澤；十者、膝圓好；十一者、身淨潔；十二者、身柔軟；十三者、身不曲；十四者、指長圓纖；十五者、指紋如畫雜色莊嚴；十六者、脈深不現；十七者、踝深不現；十八者、身潤光澤；十九者、身自持不委陀；二十者、身滿足（三月受胎，二月生）；二十一者、容儀備足；二十二者、住處安（如牛王立不動）；二十三者、威振一切；二十四者、一切樂觀；二十五者、面不長；二十六者、正容貌不撓色；二十七者、脣如頻婆果色；二十八者、面圓滿；二十九者、響聲深；三十者、臍圓深不出；三十一者、毛處處右旋；三十二者、手足滿；三十三者、手足如意（舊言內外握者是）；三十四者、手足文明直；三十五者、手文長；三十六者、手文不斷；三十七者、一切惡心眾生見者皆得和悅色；三十八者、面廣姝；三十九者、面如月；四十者、眾生見者不怖不懼；四十一者、毛孔出香風；四十二者、口出香氣，眾生遇者樂法七日；四十三者、儀容如師子；四十四者、進止如象王；四十五者、行法如鵞王；四十六者、頭如磨陀羅果（此果不圓不長）；四十七者、聲分滿足（聲有六十種分，佛皆具足）；四十八者、牙利；四十九者、（無漢名，故不得出也）；五十者、舌大而赤；五十一者、舌薄；五十二者、毛純紅色，色淨潔；五十三者、廣長眼；五十四者、孔門滿（九孔門相具足滿）；五十五者、手足赤白如蓮華色；五十六者、腹不見不出；五十七者、不凸腹；五十八者、不動身；五十九者、身重；六十者、大身；六十一者、身長；六十二者、手足滿淨；六十三者、四邊遍大光，光明自照而行；六十四者、等視眾生；六十五者、不著教化，不貪弟子；六十六者、隨眾聲滿不減不過；六十七者、隨眾音聲而為說法；六十八者、語言無礙；六十九者、次第相續說法；七十者、一切眾生目不能諦視相知盡；七十一者、視無厭足；七十二者、髮長好；七十三者、髮好；七十四者、髮不亂；七十五者、髮不破；七十六者、髮柔軟；七十七者、髮青毗琉璃色；七十八者、髮絞上；七十九者、髮不稀；八十者、胸有德字，手足有吉字。

光明徹照無量世界，初生行七步發口演要言，出家勤苦行，菩提樹下降伏魔軍，後夜初明成等正覺，光相分明遠照十方靡不周遍，諸天空中弦歌供養散華雨香，一切眾生咸敬無量獨步三界還顧轉身如象王迴，觀視道樹，初轉法輪天人得悟，以道自證得至涅槃。佛身如是感發無量，專心念佛不令外念，外念諸緣攝之令還，如是不亂，是時便得見一佛、二佛乃至十方無量世界諸佛色身，以心想故皆得見之。既得見佛又聞說法言，或自請問，佛為說法解諸疑網，既得佛念，當復念佛功德法身、無量大慧、無崖底智、不可計德，多陀阿伽度多陀，秦言如；阿伽度，言解亦言實語，又言諸餘聖人安隱道，來，佛如是來。復次，更不來後有中也、阿梨魯迷反呵阿梨，秦言賊；呵，言殺。佛以忍辱為鎧、精進為堅牢、禪定為弓、智慧為箭，殺憍慢等賊，故名殺賊、三藐無灼反三佛陀三藐，秦言真實；三佛陀，言一切覺。覺苦因，習涅槃，因道正解，見四實不可轉，了盡無餘，故言真實覺一切、鞞伽除夜反遮羅那鞞伽，秦言明；遮羅那，言善行。明三明也，行清淨之行，以之獨成無師大覺，故言明善行也、三般那秦言滿成、宿伽陀秦言善解，亦名善自得，又言善說無患、路伽憊皮拜反，路加，秦言智。智者知世，因知盡道，故名世智。世智知世也、阿耨多羅秦言無上善法。聖智示導，一切大德無量梵魔眾聖莫有及者，何況能過。佛尊德大故言無上、富樓沙曇藐富樓沙，秦言大丈夫。曇藐，言可言可化。丈夫調御師佛，以大慈大悲大智故，有時軟美語，有時苦切語，或以親教，以此調御，令不失道，故名佛為可化丈夫，調御師法也、舍賒音多都餓反提婆魔㝹舍喃奴甘反，秦言天人師，盡能解脫一切人煩惱，常住不退上法、佛婆伽婆過去未來現在行不行，知行盡不盡一切諸法，菩提樹下一切了了知，故名佛。婆伽婆，言有大名聲。復次，婆名女根；婆名吐。永棄女根，故女根吐也。

爾時，復念二佛神德，三、四、五佛，乃至無量盡虛空界，皆悉如是。復還見一佛，能見一佛作十方佛，能見十方佛作一佛，能令一色作金、銀、水精、毗琉璃色，隨人意樂悉令見之。爾時惟觀二事：虛空佛身及佛功德，更無異念。心得自在意不馳散，是時得成念佛三昧。若心馳散念在五塵，若在六覺者，當自勗勉剋勵其心，強制伏之。如是思惟人身難得，佛法難遇，故曰眾明日為最，諸智佛為最。所以者何？佛興大悲常為一切故，頭目髓腦救濟眾生，何可放心不專念佛而孤負重恩？若佛不出世，則無人道、天道、涅槃之道。若人香華供養，以骨

坐禪三昧經卷下

姚秦三藏鳩摩羅什譯

爾時，行者雖得一心，定力未成，猶為欲界煩惱所亂，當作方便進學初禪，呵棄愛欲。云何呵棄？觀欲界過，欲為不淨種種不善，當念初禪安隱快樂。觀欲云何？知欲無常，功德怨家，如幻如化空無所得，念之未得癡心已亂，何況已得婬欲纏覆？天上樂處猶不常安，何況人中？人心著欲無有厭足，如火得薪，如海吞流。如頂生王，雖雨七寶王四天下，帝釋分座猶不如足。如那睺沙姓也，轉金輪王，為欲所逼墮蟒蛇中。又如仙人食果衣草，隱居深山被髮求道，猶復不免欲賊所壞。欲樂甚少怨毒甚多，著欲之人惡友相近善人疎遠。欲為毒酒愚惑醉死，欲為欺誑走使愚人，疲苦萬端不得自在。唯有離欲，身心安隱快樂無極。欲無所得如狗齩枯骨，求欲勤勞極苦乃得，得之甚難失之甚易。如假借須臾勢不得久，如夢所見恍惚即滅。欲之為患，求之既苦，得之亦苦，多得多苦。如火得薪多益多熾，欲如搏肉衆鳥競逐。以要言之，如蛾赴火，如魚吞鉤，如鹿逐聲，如渴飲鹹水，一切衆生為欲致患，無苦不至。是故當知欲為毒害，當求初禪滅斷欲火。行者一心精懃信樂，令心增進意不散亂，觀欲心厭除結惱盡，得初禪定。離欲盛火得清涼定，如熱得蔭，如貧得富，是時便得初禪喜覺。思惟禪中種種功德，觀分別好醜，便得一心。

問曰：「修行禪人得一心相，云何可知？」

答曰：「面色悅澤徐行靖正，不失一心目不著色，神德定力不貪名利，擊破憍慢其性柔軟，不懷毒害無復慳嫉，直信心淨論議不諍，身無欺誑易可與語，柔軟慚愧心常在法，懃修精進持戒完具，誦經正憶念隨法行，意常喜悅瞋處不瞋，四供養中不淨不受，淨施則受知量止足，寤起輕利能行二施，忍辱除邪，論議不自滿，言語尠少，謙恪恭敬上中下座，善師、善知識常親近隨順，飲食知節不著欲味，樂獨靜處，若苦、若樂心忍不動，無怨無競不喜鬪訟，如是等種種相得知一心相。」

此覺、觀二事亂禪定心，如水澄靜波蕩則濁。行者如是內已一心，覺觀所惱，如極得息如睡得安，是時次第無覺無觀生清淨定，內淨喜樂得入二禪。心靜默然，本所不得今得此喜，是時心觀以喜為患，如上覺觀行無喜法，乃離喜地得賢聖所說樂，一心諦知念護，得入三禪。已棄喜故，諦知憶念樂護，聖人言樂護，餘人難捨，樂中第一，過此以往無復樂也。是故一切聖人於一切淨地中，說慈為第一樂。樂則是患，所以者何？第一禪中心不動轉，以無事故；有動則有轉，有轉則有苦，是故三禪以樂為患。復以善妙捨此苦樂，先棄憂喜，除苦樂意護念清淨，得入第四禪不苦不樂護清淨念一心。是故佛言：「護最清淨第一，名第四禪。」以第三禪樂動故名之為苦，是故四禪除滅苦樂，名不動處。

漸觀空處，破內外色想，滅有對想，不念種種色想，觀無量空處。常觀色過，念空處定上妙功德，習念是法逮得空處。念無量識處，觀空處過，念無量識處功德，習念是法逮得識處。念無所有處，觀識處過，念無所有處功德，習念是法便得無所有處。念非有想非無想處，若一切想其患甚多，若病、若瘡，若無想是愚癡處，是故非有想非無想，是第一安隱善處。觀無所有處過，念非有想非無想功德，習念是法，便得非有想非無想處。

或有行者，先從初地乃至上地，復於上地習行慈心，先自得樂破瞋恚毒，次及十方無量眾生，是時便得慈心三昧。悲心憐愍眾生之苦，能破眾惱，廣及無量眾生，是時便得悲心三昧。能破不悅，令無量眾生皆得喜悅，是時便得喜心三昧。能破苦樂，直觀十方無量眾生，是時便得護心三昧。二禪亦復如是，三禪、四禪除喜。

次學五通，身能飛行變化自在。行者一心，欲定、精進定、一心定、慧定，一心觀身，常作輕想欲成飛行，若大、若小（以欲定過為大，以欲定滅為小），此二俱患。精進翹懃常能一心，思惟輕觀如能浮人，心力強故而不沈沒，亦如猿猴從高上墮，心力強故身無痛患，此亦如是。欲力、精進力、一心力、慧力令其廣大，而身更小便能運身。

復次，觀身空界，常習此觀，欲力、精進力、一心力、慧力極為廣大，便能舉身，如大風力致重達遠，此亦如是。初當自試，離地一尺、二尺，漸至一丈，還來本處，如鳥子學飛，小兒學行。思惟自審，知心力大必能至遠。學觀四大，除卻地大，但觀三大。心念不散便得自在，身無罣礙如鳥飛行。當復學習遠作近想，是故近滅遠出。復能變化諸物，如觀木地種，除卻餘種，此木便變為地。所以者何？木有地種分故，水、火、風、空、金銀寶物，悉皆如是。何以故？木有諸種分故。

是初神通根本四禪有十四變化心。初禪二果：一者、初禪，二者、欲界。二禪三果：一者、二禪，二者、初禪，三者、欲界。三禪四果：一者、三禪，二者、二禪，三者、初禪，四者、欲界。四禪五果：一者、四禪，二者、三禪，三者、二禪，四者、初禪，五者、欲界。餘通如摩訶衍論中說。

世尊弟子習學五法門，志求涅槃有二種人：或好定多，以快樂故；或好智多，畏苦患故。定多者，先學禪法，後學涅槃；智多者，直趣涅槃。直趣涅槃者，未斷煩惱亦未得禪，專心不散直求涅槃，越愛等諸煩惱，是名涅槃。身實無常、苦、不淨、無我，以身顛倒故常、樂、我、淨，以是故事事愛著其身，是則底下衆生。

行者欲破顛倒故，當習四念止觀。觀身種種多諸苦患，從因緣生故無常種種惱故苦，身有三十六物故不淨，以不得自在故無我，習如是觀。觀內身、觀外身、觀內外身，習如是觀，是謂身念止。

身實相如是，何故於此而起顛倒，愛著此身？諦思惟念身邊樂痛，以愛樂痛故著此身，當觀樂痛實不可得。云何不得因衣食故致樂？樂過則苦生，非實樂故；如患瘡苦以藥塗治，痛止為樂。以大苦故，謂小苦為樂，非實樂也。復次，以故苦為苦，新苦為樂，如擔重易肩，而以新重為樂，非實常樂也。如火性熱，無暫冷時，若是實樂，不應有不樂。或曰：「外事是樂因緣，不必是樂，或時樂因，或時苦因。若使心法與愛相應，爾時是樂；與恚相應，爾時是苦；與癡相應，不苦不樂。以此推之，可知有樂、無樂。」答曰：「無也，婬欲不應是樂。何以故？若婬欲在內，不應外求女色；外求女色，當知婬苦。若婬是樂，不應時時棄，若棄不應是樂。於大苦中，以小苦為樂也，如人應死，全命受鞭，以是為樂。欲心熾盛以欲為樂，老時厭欲知欲非樂，若實樂相不應生厭。如是種種因緣欲樂相實不可得，樂失則苦。佛言樂痛應觀苦，苦痛應觀樂，如箭在體，不苦不樂應觀生滅無常，是謂痛念止。」

當知心受苦樂，受不苦不樂。云何心？是心無常從因緣生故，生滅不住相似生故，但顛倒故，謂是為一。本無今有已有還無，是故無常觀知心空。云何為空？從因緣生有眼，有色可見，憶念欲見，如是等和合眼識生。如日愛珠，有日有珠，有乾草、牛屎，眾緣和合於是火生；一一推求火不可得，緣合有火。眼識亦爾，不住眼中，亦非色中住，不兩中間住，無有住處，亦復不無，是故佛言如幻如化。現在心觀過去心，或苦、或樂、或不苦不樂，心各各異、各各滅。有欲心、無欲心亦如是，各各異、各各滅。觀內心、觀外心、觀內外心亦如是，是名心念止。

復次，觀心為屬誰？觀想、思惟、念欲等，諸心相應法、不相應法，諦觀其主，主不可得。何以故？從因緣生故無常，無常故苦，苦故不自在，不自在故無主，無主故空。前別觀身、痛、心、法不可得，今更總觀四念止中主不可得，離此處求亦不可得，若常不可得，無常亦不可得。若常，應當常苦常樂，亦不應忘。若常有神者，無殺惱罪亦無涅槃。若身是神，無常身滅，神亦應滅，亦無後世，亦無罪福。如是遍觀無主，諸法皆空不自在，因緣合故生，因緣壞故滅，如是緣合法是名法念止。

若行者得法念止，厭世間空，老、病、死法都無少許常樂我淨，我於此空法復何所求？應當入涅槃最善法中住，建精進力得深舍摩陀故（深舍摩陀者，住心一處名也，此土無是名），是時得深舍摩陀，住第四法念止中。觀諸法相皆苦無樂，無樂是實餘者妄語，苦因愛等諸煩惱及業，是非天、非時、非塵等種種妄語中生，是煩惱及業出生此苦。是苦入涅槃時一切滅盡，非色、無色界及世界始世界始（外道謂一切有法之初，色為世界始，外道謂涅槃也；以此有始能化作萬物，即名造化也）等種種妄語能滅此苦，正見等八直是涅槃道，非餘外道苦行，種種空持戒、空禪定、空智慧。何以故？佛法中戒、定、慧三法合行能入涅槃，譬如人立平地，持好弓箭，能射殺怨賊，三法合行亦如是。戒為平地，禪定為快弓，智慧為利箭，三事備足，能殺煩惱賊，以是故外道輩不得涅槃。

行者是時作四法緣，觀緣如射博。觀苦四種：因緣生故無常，身心惱故苦，無一可得故空，無作無受故無我。觀習四種：煩惱有漏業和合故集，相似果生故因，是中得一切行故生，非相似果相續故緣。觀盡四種：一切煩惱覆故閉，除煩惱火故滅，一切法中第一故妙，世間過去故出。觀道四種：能到涅槃故道，不顛倒故正，一切聖人去處故跡，得脫世愁惱故離。如是觀者得無漏相似法，名為煖法。云何名煖？常懃精進故名煖法。諸煩惱薪無漏智火，燒火欲出初相名為煖法，譬如鑽火初鑽煙出是名煖，是為涅槃道初相。佛弟子中有二種人：一者、多好一心求禪定，是人有漏道；二者、多除愛著好實智慧，是人直趣涅槃入煖法中。有煖相者深得一心，實法鏡到無漏界邊（鏡中像似面，界邊非中，故以為喻），行者是時大得安隱，自念：「我定當得涅槃。」見此道故，如人穿井得至濕泥，知當得水不久；如人擊賊，賊已退散，自知得勝意中安隱；如人怖死，人欲知活不，當先試之以杖打身，若隱胗脈起者，知是有煖，必可得活；亦如聽法人思惟喜悅心著，是時心熱。行者如是有煖法，故名為有煖，亦名能得涅槃分善根。是善根法有十六行四諦緣，六地中一智慧一切無漏法基，野人能行安隱（於無漏跡，故名為野人。案梵本，爾先言凡夫人非。），是名有煖法。

增進轉上，更名頂法，如乳變為酪。是人觀法實相，我當得苦脫。心愛是法，是為真法，能除種種苦患及老病死。是時思惟：「此法誰說？是佛世尊。從是得佛寶中信心清淨，大歡喜悅。若無此法，一切煩惱誰當能遮？我當云何得實智慧少許明？從是得法寶中信心清淨，大歡喜悅。若我不得佛弟子輩好伴，云何當得實智慧少許明？從是得僧寶中信心清淨，大歡喜悅。」是三寶中，得一心清淨合實智慧，是頂善根，亦名頂法，亦名能得涅槃分善根。如波羅延經中說：

佛寶法僧寶，　誰有少信淨，　是名頂善根，　汝曹一心持。

云何為少信？於佛、菩薩、辟支佛、阿羅漢邊為少，於野人邊為多。復次，此可破、可失是故名少。如法句說：

芭蕉生實死，　竹生實亦然，　騾有子則死，　小人得養死。
破失非利故，　小人得名譽，　白淨分失盡，　乃至頂法墮。

復次，未斷諸結使，未得無漏無量慧心，以是故名少。

復次，懃精進一心入涅槃道中，更了了觀五陰、四諦十六行，是時心不縮、不悔、不退，愛樂入忍，是名忍善根。忍何等？隨四諦行，是名為忍，是善根三種，上、中、下三時。云何名忍？觀五陰無常、苦、空、無我，心忍不退，是名忍。復次，觀諸世間盡苦空無有樂，是苦因習愛等諸煩惱，是習智緣盡是名上法，更無有上。八直道能令行人得至涅槃，更無有上。如是信心，不悔不疑忍，是名忍。是中更有忍，種種結使、種種煩惱疑悔來入心中，不能令破，譬如石山，種種風水不能漂動，是故名忍，是事得名真好野人。如佛說法句中：

世界正見上，　誰有得多者，　乃至千萬歲，　終不墮惡道。

是世間正見，是名為忍善根。是人多增進，一心極厭世界行，欲了了四諦相，作證趣涅槃，如是一心中，是名世間第一法。

一時住四行無常、苦、空、無我，觀一諦苦法忍共緣故。何以故?觀欲界五受陰無常、苦、空、無我，是中心忍入慧，亦是相應心、心數法，是名苦法忍。身業、口業及心不相應諸行，現在、未來世一切無漏法初門，是名苦法忍（忍，信受也；法，無漏法），次第生苦法智。苦法忍斷結使，苦法智作證，譬如一人刈，一人束；亦如利刀斫竹得風即偃，忍智功夫故。是事得辦欲界繫見苦斷十結得得，爾時異等智得無漏智，未得無漏慧得，是時成就一智（等智，未來成就）。

第二心中，成就法智、苦智、等智。過第三心，第四心成就四智：苦智、法智、比智、等智。習、盡、道法智中，一一智增，離欲人知他心智成就增。苦比忍、苦比智，斷十八結，是四心苦諦能得。習法忍、習法智，斷欲界繫七結；習比忍、習比智，斷色、無色界繫十三結。盡法忍、盡法智，斷欲界繫七結；盡比忍、盡比智，斷色、無色界繫十二結。道法忍、道法智，斷欲界繫八結；道比忍、道比智，斷色、無色界繫十四結。道比智是名須陀般那（下子上子），實知諸法相，是十六心。

能十五心中，利根名隨法行，鈍根名隨信行，是二人未離欲，名初果向。先未斷結，得十六心，名須陀般那。若先斷六品結，得十六心，名息忌陀伽迷（秦言一來）。若先斷九品結，得十六心，名阿那迦迷（秦言不來）。

先未離欲斷八十八結故，名須陀般那。復次，無漏果善根得，得故名須陀般那。利根名見得，鈍根名信愛，思惟結未斷，餘殘七世生。若思惟結三種斷，名家家三世生。聖道八分、三十七品名流，流向涅槃，隨是流行，故名須陀般那，是為佛初功德子，惡道得脫。三結斷、三毒薄，名息忌陀伽迷。復次，欲界結九種（上上、上中、上下；中上、中中、中下；下上、下中、下下），見諦斷，思惟斷。若凡夫人，先以有漏道斷欲界繫六種結，入見諦道十六心中，得名息忌陀伽迷。若八種斷入見諦道，第十六心中一種名息忌陀伽迷果、向呵那伽迷。若佛弟子得須陀般那，單斷三結，欲得息忌陀伽迷，是思惟斷欲界繫九種結六種斷，是名息忌陀伽迷八種斷，是名一種息忌陀伽迷果、向阿那伽迷。若凡夫人先斷欲界繫九種結，入見諦道，第十六心中名阿那伽迷。若得息忌陀伽迷，進斷三種思惟結，第九解脫道名阿那伽迷。阿那伽迷有九種

：今世必入涅槃阿那伽迷、中陰入涅槃阿那伽迷、生已入涅槃阿那伽迷、懃求入涅槃阿那伽迷、不懃求入涅槃阿那伽迷、上行入涅槃阿那伽迷、至阿迦尼吒入涅槃阿那伽迷、到無色定入涅槃阿那伽迷、身證阿那伽迷、行向阿羅漢阿那伽迷。

色、無色界九種結，以第九無礙道金剛三昧破一切結，第九解脫道盡智修一切善根，是名阿羅漢果。是阿羅漢有九種：退法、不退法、死法、守法、住法、必知法、不壞法、慧脫、共脫。濡智濡進，行五種法退，是名退法。利智利進，行五種法不退，是名不退法。濡智濡進，利厭思惟自殺身，是名死法。濡智大進自護身，是名守法。中智中進，不增不減處中而住，是名住法。少利智懃精進，能得不壞心解脫，是名必知法。利智大進，初得不壞心解脫，是名不壞法。不能入諸禪，未到地中諸漏盡，是名慧解脫。得諸禪亦得滅禪諸漏盡，是名共解脫。有阿羅漢，一切有為法常厭滿足，更不求功德，待時入涅槃。有阿羅漢，求四禪、四無色定、四等心、八解脫、八勝處、十一切入、九次第、六神通、願智、阿蘭若那三昧（秦言無諍。阿蘭若，言無事，或言空寂。舊言須菩提常行空寂行，非也，自是無諍行耳。無諍者，將護眾生，不令起諍於我耳。起諍，如舍利弗、目連夜入陶屋中宿，致拘迦離起諍者是也）、超越三昧、熏禪、三解脫門及放捨（放捨者，三脫門：空、無願、無相。空、無願、無相，即十二門念反著者也），更作利智懃精進，入如是諸禪功德，是名得不退法不壞法。

若佛不出世，無佛法、無弟子時，是時離欲人辟支佛出。辟支佛有三種：上、中、下。下者，本得須陀般那、若息忌陀伽迷，是須陀般那於第七世生人中，是時無佛法不得作弟子，復不應八世生，是時作辟支佛；若息忌陀伽迷二世生，是時無佛法不得作弟子，復不應三世生，是時作辟支佛。有人願作辟支佛，種辟支佛善根時，無佛法善根熟，爾時厭世出家得道，名辟支佛，是名中辟支佛。有人求佛道，智力進力，少以因緣退（如舍利弗是也），是時佛不出世，無佛法亦無弟子，而善根行熟作辟支佛；有相好若少若多，厭世出家得道，是名上辟支佛。於諸法中，智慧淺入名阿羅漢，中入名辟支佛，深入名佛。如遙見樹不能分別枝，小近能分別枝，不能分別華葉，到樹下盡能分別，知樹枝、葉、華、實。聲聞能知一切諸行無常，一切諸法無主，唯涅槃善安隱，聲聞能如是觀，不能分別深入深知；辟支佛少能分別，亦不能深入深知；佛知諸法分別究暢，深入深知也。如波羅奈國王夏暑熱時，處高樓上坐七寶床，令青衣磨牛頭栴檀香塗身，青衣臂多著釧，摩王身時釧聲滿耳，王甚患之，教次第令脫，釧少聲微，唯獨一釧寂然無聲。王時悟曰：「國家、臣民、宮人、婇女，多事多惱亦復如是。」即時離欲獨處思惟，得辟支佛，鬚髮自落著自然衣，從樓閣去，以己神足力出家入山，如是因緣中品辟支佛也。

若行者求佛道，入禪先當繫心專念十方三世諸佛生身，莫念地、水、火、風、山、樹、草、木，天地之中有形之類及諸餘法一切莫念，但念諸佛生身處在虛空；譬如大海清水中央金山王須彌，如夜闇中然大火，如大施祠中七寶幢。佛身如是，有三十二相、八十種好，常出無量清淨光明於虛空相青色中，常念佛身相如是，行者便得十方三世諸佛悉在心目前一切悉見三昧，若心餘處緣，還攝令住念在佛身，是時便見東方三百千萬千萬億種無量諸佛。如是南方、西方、北方，四維上下，隨所念方見一切佛，如人夜觀星宿，百千無量種星宿悉見。菩薩得是三昧，除無量劫厚罪令薄，薄者令滅。

得是三昧已，當念佛種種無量功德，一切智、一切解、一切見、一切德，得大慈大悲，自在自初出無明㲉，四無畏、五眼、十力、十八不共法，能除無量苦救老死畏，與常樂涅槃，佛有如是等種種無量功德。

作是念已，自發願言：「我何時當得佛身佛功德，巍巍如是？」復作大誓：「過去一切福，現在一切福，盡持求佛道，不用餘報。」復作是念：「一切眾生甚可憐愍，諸佛身功德巍巍如是，眾生云何更求餘業而不求佛？譬如貴家盲子墮大深坑，飢窮困苦食糞食泥，父甚愍之為求方便，拯之於深坑，食之以上饌。行者念言：佛二種身功德甘露如是，而諸眾生墮生死深坑，食諸不淨。以大悲心，我當拯濟一切眾生，令得佛道，度生死岸，以佛種種功德法味，悉令飽滿。一切佛法願悉得之，聞誦、持問、觀行、得果為作階梯，立大要誓被三願鎧，外破魔眾內擊結賊，直入不迴。」如是三願，比無量諸願願皆住之，為度眾生得佛道故，如是念，如是願，是為菩薩念佛三昧。

行菩薩道者，於三毒中，若婬欲偏多，先自觀身，骨肉、皮膚、筋脈、流血、肝肺、腸胃、屎尿、涕唾三十六物，九想不淨專心內觀，不令外念，外令諸緣攝之令還。如人執燭入雜穀倉，種種分別豆、麥、黍、粟無不識知。復次，觀身六分：堅為地分，濕為水分，熱為火分，動為風分，孔為空分，知為識分；亦如屠牛分為六分，身、首、四支各自異處。身有九孔常流不淨，革囊盛屎，常作是觀不令外念，外念諸緣攝之令還。若得一心，意生厭患求離此身，欲令速滅早入涅槃，是時當發大慈大悲，以大功德拔濟眾生，興前三願，以諸眾生不知不淨起諸罪垢，我當拔置於甘露地。復次，欲界眾生樂著不淨，如狗食糞，我當度脫至清淨道。復次，我當學求諸法實相，不有常、不無常，非淨、非不淨，我當云何著此不淨？觀不淨智從因緣生，如我法者當求實相，云何厭患身中不淨而取涅槃？當如大象度駛流水，窮盡源底得實法相，滅入涅槃，豈可如獼猴諸兔畏怖駛流，趣自度身？我今當學如菩薩法，行不淨觀除卻婬欲，廣化眾生令離欲患，不為不淨觀所厭沒。

復次，既觀不淨則厭生死，當觀淨門繫心三處：鼻端、眉間、額上。當於是中開一寸皮淨除血肉，繫心白骨不令外念，外念諸緣攝之令還。著三緣中恒與心鬪，如二人相撲，行者若勝心，則不如制之令住，是名一心。若以厭患起大悲心愍念衆生，為此空骨遠離涅槃入三惡道，我當懃力作諸功德，教化衆生，令解身相空，骨以皮覆實聚不淨。為衆生故，徐當分別此諸法相，有少淨想心生愛著，不淨想多心生厭患，有出法相故生實法。諸法實相中，無淨、無不淨，亦無閉、亦無出，觀諸法等不可壞不可動，是名諸法實相(出過羅漢法也)。

行菩薩道者，若瞋恚偏多，當行慈心。念東方衆生，慈心清淨無怨無恚，廣大無量，見諸衆生悉在目前；南、西、北方、四維上下，亦復如是。制心行慈不令外念，外念異緣攝之令還，持心目觀一切衆生，悉見了了皆在目前。若得一心，當發願言：「我以涅槃實清淨法度脫衆生，使得實樂。」行慈三昧心如此者，是菩薩道。住慈三昧以觀諸法實相，清淨不壞不動，願令衆生得此法利，以此三昧慈念東方一切衆生，使得佛樂，十方亦爾，心不轉亂，是謂菩薩慈三昧門。

問曰：「何不一時總念十方衆生？」

答曰：「先念一方，一心易得，然後次第周遍諸方。」

問曰：「人有怨家恒欲相害，云何行慈欲令彼樂？」

答曰：「慈是心法出生於心，先從所親，所親轉增乃及怨家，如火燒薪，盛能然濕。」

問曰：「或時衆生遭種種苦，或在人中，或地獄中，菩薩雖慈彼那得樂？」

答曰：「先從樂人取其樂相，令彼苦人得如彼樂，如敗軍將怖懼失膽，視彼敵人皆謂勇士。」

問曰：「行慈三昧有何善利？」

答曰：「行者自念，出家離俗應行慈心。又思惟言：『食人信施宜行利益，如佛所言，須與行慈是隨佛教，則為入道不空受施。』復次，身著染服心應不染，慈三昧力能令不染。復次，我心行慈於破法世，我有法人非法衆中，我有法人如法無惱，慈定力故。菩薩行道趣甘露門，種種熱惱慈涼冷樂，如佛所言：『人熱極時，入清涼池樂。』復次，被大慈鎧遮煩惱箭，慈為法藥消怨結毒，煩惱燒心慈能除滅，慈為法梯登解脫臺，慈為法船渡生死海，貧善法財慈為上寶，行趣涅槃慈為道糧，慈為駿足度入涅槃，慈為猛將越三惡道，能行慈者消伏眾惡，諸天善神常隨擁護。」

問曰：「若當行人得慈三昧，云何不失而復增益？」

答曰：「學戒清淨善信倚樂，學諸禪定一心智慧，樂處閑靜常不放逸，少欲知足行順慈教，節身少食減損睡眠，初夜、後夜思惟不廢，省煩言語默然守靜，坐臥行住知時消息，不令失度致疲苦極，調和寒溫不令惱亂，是謂益慈。」

復次，以佛道樂、涅槃之樂與一切人，是名大慈。行者思惟：「現在、未來大人行慈利益一切，我亦被蒙，是我良祐，我當行慈畢報施恩。」復更念言：「大德慈心愍念一切，以此為樂；我亦當爾，念彼眾生令得佛樂、涅槃之樂，是為報恩。」復次，慈力能令一切心得快樂，身離熱惱得清涼樂，持行慈福念安一切，以報其恩。復次，慈有善利，斷瞋恚法開名稱門，施主良田生梵天因，住離欲處，除卻怨對及鬪諍根，諸佛稱揚智人愛敬，能持淨戒生智慧明，能聞法利功德醍醐決定好人。出家猛力消滅諸惡，罵辱不善慈報能伏，結集悅樂生精進法，富貴根因辦智慧府，誠信庫藏諸善法門，致稱譽法敬畏根本，佛正真道。若人持惡向，還自受其殃。五種惡語：非時語、非實語、非利語、非慈語、非軟語，是五惡語不能傾動，一切毒害亦不能傷，譬如小火不能熱大海。（此下應出優填王持五百發箭）如毗羅經中，優填王阿婆陀那說：「有二夫人：一名無比，二名舍迷婆帝。無比誹謗舍迷婆帝，舍迷婆帝有五百直人，王以五百箭欲一一射殺之，舍迷婆帝語諸直人：『在我後立。』是時舍迷婆帝入慈三昧，王挽弓射之，箭墮足下，第二箭還向王腳下，王大驚怖復欲放箭。舍迷婆帝語王言：『止！止！夫婦之義是故相語，若放此箭當直破汝心。』王時恐畏投弓捨射，問言：『汝有何術？』答言：『我無異術，我是佛弟子，入慈三昧故也。』」

是慈三昧略說有三種緣，生緣、法緣、無緣。諸未得道是名生緣，阿羅漢、辟支佛是名法緣，諸佛世尊是名無緣，是故略說慈三昧門。

行菩薩道者，於三毒中若愚癡偏多，當觀十二分破二種癡：內破身癡，外破眾生癡。思惟念言：「我及眾生俱在厄難，常生、常老、常病、常死、常滅、常出，眾生可憐不知出道，從何得脫？」一心思惟：「生老病死從因緣生。」當復思惟：「何因緣生？」一心思惟：「生因緣有，有因緣取，取因緣愛，愛因緣受，受因緣觸，觸因緣六入，六入因緣名色，名色因緣識，識因緣行，行因緣無明。」如是復思惟：「當何因緣滅生老死？」一心思惟：「生滅故老死滅，有滅故生滅，取滅故有滅，愛滅故取滅，受滅故愛滅，觸滅故受滅，六入滅故觸滅，名色滅故六入滅，識滅故名色滅，行滅故識滅，癡滅故行滅。」

此中十二分云何？無明分不知前、不知後、不知前後，不知內、不知外、不知內外，不知佛、不知法、不知僧，不知苦、不知習、不知盡、不知道，不知業、不知果、不知業果，不知因、不知緣、不知因緣，不知罪、不知福、不知罪福，不知善、不知不善、不知善不善，不知有罪法、不知無罪法，不知應近法、不知應遠法，不知有漏法、不知無漏法，不知世間法、不知出世間法，不知過去法、不知未來法、不知現在法，不知黑法、不知白法，不知分別因緣法、不知六觸法、不知實證法，如是種種不知、不慧、不見，闇黑無明，是名無明。

無明緣行，云何名行？行有三種：身行、口行、意行。云何身行？入息、出息是身行法，所以者何？是法屬身，故名身行。云何口行？有覺有觀，是作覺觀已，然後口語；若無覺觀則無言說，是謂口行。云何意行？（痛，名世界人所著三種痛。痛應為受，受則隨界受苦樂，上界所無，故宜言受想，出家所患也）痛想是意法，繫屬意故，是名意行。復次，欲界繫行，色界繫行，無色界繫行。復次，善行、不善行、不動行。云何善行？欲界一切善行，亦色界三地。云何不善行？諸不善法。云何不動行？第四禪有漏善行，及無色定善有漏行。是名行。

行因緣識，云何名識？六種識界，眼識乃至意識，是名六識。

識因緣名色，云何為名？無色四分：痛、想、行、識，是謂名。云何為色？一切色、四大及造色，是謂色。云何四大？地、水、火、風。云何地？堅重相者地，濡濕相者水，熱相者火，輕動相者風。餘色可見、有對、無對是名造色。名色和合是謂名色。

名色因緣六入。云何六入？內六入，眼內入乃至意內入，是名六入。

六入因緣觸，云何觸？六種觸界，眼觸乃至意觸。云何眼觸？眼緣色生眼識，三法和合是名眼觸；乃至意觸亦如是。

觸因緣受，云何受？三種受：樂受、苦受、不苦不樂受。云何樂受？愛使。云何苦受？恚使。云何不苦不樂受？癡使。復次，樂受生樂，住樂滅苦；苦受生苦，住苦滅樂；不苦不樂受不知苦不知樂。

受因緣愛，云何愛？眼觸色生愛，乃至意觸法生愛。

愛因緣取，云何取？欲取、見取、戒取、我語取。

取因緣有，云何有？三種有：欲有、色有、無色有。下從阿鼻大泥梨，上至他化自在天，是名欲有及其能生業。云何色有？從下梵世，上至阿迦尼吒天，是名色有。云何無色有？從虛空乃至非有想非無想處，是名無色有。

有因緣生，云何生？種種衆生處處生出，有受陰得持、得入、得命，是名生。

生因緣老死，云何老？齒落髮白多皺，根熟根破氣噎，身僂拄杖行步，陰身朽故，是名老。云何死？一切衆生處處退落墮滅，斷死失壽命盡，是名死。先老後死故名老死。

是中十二因緣，一切世間非無因緣邊、非天邊、非人邊、非種種等邪緣邊出，菩薩觀十二因緣，繫心不動不令外念，外念諸緣攝之令還。

觀十二分生三世中：前生、今生、後生。菩薩若得心住，當觀十二分空無有主。癡不知我作行，行不知我從癡有，但無明緣故行生；如草木種從子芽出，子亦不知我生芽，芽亦不知從子出，乃至老死亦復如是。是十二分中，一一觀知無主無我，如外草木無主，但從倒見計有吾我。

問曰：「若無吾我無主無作，云何去來言說死此生彼？」

答曰：「雖無吾我，六情作因，六塵作緣，中生六識，三事和合故觸法生。念知諸業，由是去來言說從是有生死；譬如日愛珠因日、乾牛屎和合方便故火出。五陰亦爾，因此五陰生，後世五陰出，非此五陰至後世，亦不離此五陰得後世五陰，五陰但從因緣出。譬如穀子中芽出，是子非芽，亦非餘芽邊生，非異非一，得後世身亦爾。譬如樹未有莖、節、枝、葉、華、實，得時節因緣華葉具足，善惡行報亦復如是。種子壞故非常、非一，芽莖葉等生故不斷、不異，死生相續亦復如是。行者謂法無常、苦、空、無我、自生自滅，知因愛等有，知因滅是盡，知盡是道，以四種智知十二分是正見道。眾生為縛著所誑，如人有無價寶珠，不別其真為他欺誑。是時菩薩發大悲心，我當作佛以正真法化彼眾生，令見正道。」

問曰：「如摩訶衍般若波羅蜜中言：諸法不生不滅，空無所有，一相無相是名正見，云何言無常等觀名為正見？」

答曰：「若摩訶衍中說諸法空無相，云何言無常、苦、空等不實？若言不生不滅、空是實相者，不應言無相，汝言前後不相應。復次，佛說四顛倒，無常中常顛倒亦有道理，一切有為無常。何以故？因緣生故，無常因無常緣，所生果云何常？先無而今有，已有便無，一切眾生皆見無常，內有老病死，外見萬物凋落，云何言無常不實？」

問曰：「我不言有常為實，無常為不實，我言有常無常俱是不實。何以故？

佛言空中有常、無常二事不可得，若著此二事是俱顛倒。」

答曰：「汝言不與法相應。何以故？言無法云何復言二俱顛倒？一切空無所有，是為實不顛倒。若我破有常、著無常，我法應破，而不實我有常顛倒，破故觀無常。何以故？無常力能破有常，如毒能破餘毒，如藥除病藥亦俱去；當知藥妙能除病故，若藥不去後藥為病，此亦如是。若無常法著應當破不實故，我不受無常法，云何破？佛言：『苦是四真諦中言實苦，誰能使樂？苦因是實因，誰能令非因？苦盡是實盡，誰能令不盡？盡道是實道，誰能令非道？如日或可令冷，月或可令熱，風可令不動，是四真諦終不可動轉。』汝於摩訶衍中不能了，但著言聲，摩訶衍中諸法實相，實相不可破，無有作者，若可破可作，此非摩訶衍。如月初生，一日、二日其生時甚微細，有明眼人能見，指示不見者，此不見人但視其指而迷於月。明者語言：『癡人何以但視我指？指為月緣，指非彼月。』汝亦如是，言音非實相，但假言表實理，汝更著言聲闇於實相。」

行若得如是正知見，觀十二分和合為因果二分，果時十二分為苦諦，因時十二分為習諦，因滅是盡諦，見因果盡是道諦，四種觀果無常、苦、空、無我，四種觀因集因緣生。

問曰：「果有四種，但名苦諦，餘者無諦名也？」

答曰：「若言無常諦復疑，苦諦亦疑，無我諦亦疑，一種難處。復次，若言無常諦無咎，空、非我諦亦無咎，若無常、苦、空、無我諦，於說為重故，是故於四說一。」

問曰：「苦有何異相，於三中獨得名？」

答曰：「苦是一切眾生所厭患，眾生所怖畏，無常不爾。或有人為苦所逼，思得無常，無有欲得苦者。」

問曰：「有人欲得捉刀自殺，針炙苦藥入賊，如是種種非求苦也？」

答曰：「非為欲得苦，欲存大樂，畏苦故取死。苦為第一患，樂為第一利，以是故離實苦得快樂，是故佛以果分獨名苦諦，非無常、空、無我諦。

是於四諦中了了實智慧不疑不悔，是名正見。思惟是事種種增益故，是名正覺。除邪命攝四種邪語，離餘四種邪語，攝四種正語；除邪命，攝身三種業，除餘三種邪業，名正業。離餘種種邪命，是名正命。如是觀時精進，是正方便。是事念不散，是名正念。是事思惟不動，是名正定。正覺如王七事隨從，是名道諦。是事一心實信不動，是名信根。一心精懃求道，是名精進根。一心念不忘失，是名念根。心住一處亦不馳散，是名定根。思惟分別無常等覺，是名慧根。是名增長得力，是名五力。

問曰：「八正道中皆說慧念定等，根、力中何以重說？」

答曰：「隨入行時，初得小利，是時名為根。是五事增長得力，是時得名為力。初入無漏見諦道中，是功德名八正道。入思惟道時，名七覺意。初入道中，觀念身、痛、心、法，常一心念，是名四念止。如是得善法味四種精懃，是名四正懃。如是欲、精進、定、慧初門，懃精進求如意自在，是名四神足。雖名四念止、四正懃、四神足、五根等皆攝，隨行時初後、少多、行地緣各各得名。譬如四大各各有四大，但多得名。若地種多，水、火、風少處，名為地大；水、火、風亦如是。如是三十七品中各各有諸品，如四念止中，有四正勤、四神足、五根、五力、七覺、八道等，如是觀十二分、四諦行、四念止、四正懃、四神足、五根、五力、七覺意、八正道，其心安樂。

「復以此法度脫衆生，一心誓願精進求佛，是時心中思惟觀念：『我了了觀知此道不應取證。』有二事力故未入涅槃，一者、大悲不捨衆生，二者、深知諸法實相，諸心、心數法從因緣生，我今云何隨此不實？當自思惟，欲入深觀十二因緣，知因緣是何法，復更思惟是四種緣：因緣、次第緣、緣緣、增上緣。五因為因緣，除過去、現在阿羅漢最後心，餘過去、現在心心數法，是次第緣。緣緣、增上緣，緣一切法。復自思惟：『言若法先因緣中有，則不應言是法因緣生；若無，亦不應言因緣中生；生有半無，亦不應因緣生，』云何有因緣？若法未生，若過去心、心數法失，云何能作次第緣？若佛法中，妙法無緣，涅槃云何為緣緣？若諸法實無性，有法不可得。若因緣果生，因此有彼，是說則不然。若因緣中各各別，若和合一處，是果不可得，云何因緣邊出果？因緣中無果故。若因緣中先無果而出者，何以不非因緣邊出果？二俱無故。果屬因緣，因緣邊出，是因緣不自在，屬餘因緣，是果屬餘因緣，云何不自在因緣能生果？是故果不從因緣有，亦不從非因緣有，則為非果。果無故，緣與非緣亦無也。』」

問曰：「佛言十二因緣，無明緣諸行，汝云何言無因果？」

答曰：「先以被答不應更難，若難者更當答。佛言：『眼因、色緣、癡邊，生邪憶念，癡是無明。』是中無明何所依住？若依眼邪？若色中？若識邪？不應依眼住，若依眼住，不應待色常應癡。若依色住，不應待眼，是則外癡何豫我事？若依識住，識無色、無對、無觸、無分、無處，無明亦爾，云何可住？是故無明非內、非外、非兩中間，不從前世來，亦不住後世，非東西南北四維上下來，無有實法。無明性爾，了無明性則變為明，一一推之癡不可得。云何無明緣行？如虛空不生不滅，不有不盡，本性清淨，無明亦如是，不生不滅，不有不盡，本性清淨，乃至生緣老死亦爾。菩薩如是觀十二因緣，知眾生虛誑繫在苦患易度耳，諸法若有實相難可得度，思惟如是則破愚癡。」

若菩薩心多思覺，常念阿那波那，入時、出時數一乃至十，一一心不令馳散，菩薩從此門得一心，除五蓋欲行。

菩薩見道應行三種忍：法生忍、柔順法忍、無生忍。云何生忍？一切衆生或罵、或打、或殺，種種惡事心不動轉，不瞋不恚。不唯忍之而更慈悲此諸衆生，求諸好事願一切得，心不捨放。是時漸得解諸法實相，如氣熏著。譬如慈母愛其赤子乳哺養育，種種不淨不以為惡，倍加憐念欲令得樂；行者如是，一切衆生作種種惡淨不淨行，心不增惡不退不轉。復次，十方無量衆生，我一人應當悉度使得佛道，心忍不退、不悔、不卻，不懈、不厭、不畏、不難，是生忍中一心繫念，三種思惟不令外念，外念諸緣攝之令還，是名生忍。

云何柔順法忍？菩薩既得生忍功德無量，知是功德福報無常，是時厭無常，自求常福，亦為衆生求常住法，一切諸法，色、無色法，可見、不可見法，有對、無對法，有漏、無漏，有為、無為，上、中、下法，求其實相。實相云何？非有常、非無常，非樂、非不樂，非空、非不空，非有神、非無神。何以故非有常？因緣生故，先無今有故，已有還無故，是故非有常。云何非無常？業報不失故，受外塵故，因緣增長故，非無常。云何非樂？新苦中生樂想故，一切無常性故，緣欲生故，是故非樂。云何非不樂？樂有受故，欲染生故，求樂不惜身故，是非不樂。云何非空？內外入各各受了了故，有罪福報故，一切衆生信故，是故非空。云何非不空？和合等實故，分別求不可得故，心力轉故，是故非不空。云何非有神？不自在故，第七識界不可得故，神相不可得故，是故非有神。云何非無神？有後世故，得解脫故，各各我心生不計餘處故，是故非無神。如是不生不滅，不不生不不滅，非有非無，不受不著，言說悉滅，心行處斷，如涅槃性，是法實相。於此法中信心清淨無滯無礙，軟知、軟信、軟進，是謂柔順法忍。

云何無生法忍？如上實相法中，智慧、信、進增長根利，是名無生法忍。譬如聲聞法中煖法、頂法，智慧、信、精進增長得忍法。忍者，忍涅槃、忍無漏法，故名為忍；新得新見，故名為忍；法忍亦如是。時解脫阿羅漢不得無生智，增進廣利轉成不時解脫，得無生智；無生法忍亦如是，未得菩薩果，得無生法忍，得菩薩真行果，是名菩薩道果，是時得般舟三昧，於衆生中得大悲，入般若波羅蜜門。爾時，諸佛便受其號，墮生佛界中，為諸佛所念，一切重罪薄，薄者滅，三惡道斷，常生天上人中，名不退轉，到不動處，末後肉身盡入法身中，能作種種變化，度脫一切衆生，具足六度，供養諸佛，淨佛國土，教化衆生，立十地中，功德成滿，次第得阿耨多羅三藐三菩提，為菩薩禪法中初門。

行者定心求道時，常當觀察時方便，若不得時無方便，是應為失不為利。
如犢未生犎牛乳，乳不可得非時故，若犢生已犎牛角，乳不可得無智故。
如鑽濕木求出火，火不可得非時故，若折乾木以求火，火不可得無智故。
得處知時量己行，觀心方便力多少，宜應精進及不宜，道相宜時及不宜。
若心調動不應勇，如是勇過不得定，譬如多薪熾大火，大風來吹不肯滅。
若能以定自調心，如是動息心得定，譬如大火大風吹，大水來澆無不滅。
若人心軟復懈怠，如是厭沒不應行，譬如少薪無焰火，不得風吹便自滅。
若有精進勇猛心，如是轉健得道疾，譬如小火多益薪，風吹轉熾無滅時。

若行放捨止調縮，設復發捨失護法，譬如病人宜將養，若復放捨無得活。
若有捨想正等心，宜時懃行得道疾，譬如有人乘調象，如意至湊無蹪礙。
若多婬欲愛亂心，是時不應行慈等，婬人行慈益癡悶，如人冷病服冷藥。
婬人心亂觀不淨，諦觀不淨心得定，行法如是相應故，如人冷病服熱藥。
若多瞋恚忿亂心，是時不應觀不淨，瞋人觀惡增恚心，如人熱病服熱藥。
若人瞋怒行慈心，行慈不捨瞋心滅，行法如是相應故，如人熱病服冷藥。
若多愚癡心闇淺，不淨行慈悲行法，二行增癡無益故，如人風病服麨藥。
人心癡闇觀因緣，分別諦觀癡心滅，法行如是相應故，如人病風服膩藥。
譬如金師排扇炭，用功非時失橐法，忽忽急橐不知時，或時水澆或放捨；
金融急橐則消過，未融便止則不消，非時水澆金則生，非時放置則不熟。
精進攝心及放捨，應當觀察行道法，非時方便失法利，若非法利為非利。
譬如藥師三種病，冷熱風病除滅故，應病與藥佛如是，婬怒癡病隨藥滅。

坐禪三昧經卷下

禪祕要法經

禪祕要法經卷上

後秦弘始年鳩摩羅什
等於長安逍遙園　譯

如是我聞：一時，佛住王舍城迦蘭陀竹園，與大比丘眾千二百五十人俱；復有五百大德聲聞，舍利弗、大目揵連、摩訶迦葉、摩訶迦旃延等。爾時，王舍城中，有一比丘名摩訶迦絺羅難陀，聰慧多智，來至佛所，為佛作禮，繞佛七匝。爾時，世尊入深禪定，默然無言。時迦絺羅難陀見佛入定，即往舍利弗所，頭面禮足，白言：「大德舍利弗！唯願為我廣說法要！」

爾時，舍利弗即便為說四諦，分別義趣一遍乃至六遍，時迦絺羅難陀心疑未寤。如是乃至遍禮五百聲聞足請說法要，諸聲聞等亦各七遍為轉四真諦法，時迦

為我轉正法輪！」

爾時，世尊從禪定起，見迦絺羅難陀頂禮佛足，淚如盛雨勸請世尊：「唯願為我轉正法輪！」

爾時，世尊復為廣說四真諦法，一遍乃至七遍，時迦絺羅難陀猶故未解。五百天子聞佛所說，得法眼淨，即持天華以供養佛，白佛言：「世尊！我等今者因迦絺羅難陀比丘，快得法利，見法如法，成須陀洹。」

時迦絺羅難陀聞諸天語，心懷慚愧悲咽無言，舉身投地如太山崩，即於佛前四體布地，向佛懺悔。

爾時，阿難即從坐起，整衣服偏袒右肩，為佛作禮繞佛三匝，胡跪合掌，白佛言：「世尊！此迦絺羅難陀比丘有何因緣，生而多智，四毘陀論、違世羼經、日月星辰、一切技藝無不通達？復有何罪，出家以來經歷多年，於佛法味獨不得嘗？如來世尊親為說法，如生聾人無聞無得？佛法大將隨順轉法輪者，數有五百，為其說法亦無有益？唯願天尊為我分別說此比丘往昔因緣！」

阿難問時，佛即微笑，有五色光從口中出，繞佛七匝還從頂入，告阿難言：「諦聽！諦聽！善思念之！我當為汝分別解說。」

阿難白佛言：「唯然！世尊！願樂欲聞。」

佛告阿難：「此迦絺羅難陀比丘，過去久遠無數劫時有佛世尊，名曰然燈如來、應供、正遍知、明行足、善逝、世間解、無上士、調御丈夫、天人師、佛世尊。彼佛法中，有一比丘名阿純難陀，聰明多智。以多智故憍慢放逸，亦不修習四念處法，身壞命終墮黑闇地獄。從地獄出，生龍象中，五百身中恒作龍王，五百身中恒作象王。捨畜生身，因前出家持戒力故，得生天上。天上命終來生人間，前身讀誦三藏經故，今得值佛，由前放逸不修四念處，是故今身不能覺寤。」

爾時，迦絺羅難陀聞佛此語，即從坐起，合掌長跪，白佛言：「世尊！唯願天尊教我繫念！」

爾時，佛告迦絺羅難陀：「諦聽！諦聽！善思念之！汝於今日快問如來滅亂心賊甘露正法，三世諸佛治煩惱藥，關閉一切諸放逸門，普為人天開八正道。汝好諦觀，莫令心亂！」

佛說此語時，衆中有五十摩訶羅比丘亦白阿難：「世尊今者欲說除放逸法，我等隨順欲學此事，唯願尊者為我白佛！」

說此語時，佛告諸比丘：「非但為汝，亦為未來諸放逸者，我今於此迦蘭竹園，為迦絺羅難陀比丘說繫念法。」

佛告迦絺羅難陀：「汝受我語，慎莫忘失！汝從今日，修沙門法。沙門法者，應當靜處敷尼師壇，結跏趺坐，齊整衣服，正身端坐，偏袒右肩，左手著右手上，閉目以舌拄齶，定心令住不使分散。先當繫念著左脚大指上，諦觀指半節作泡起想，諦觀極使明了。然後作泡潰想，見指半節極令白淨，如有白光。見此事已，次觀一節令肉劈去，見指一節極令明了，如有白光。」

佛告迦絺羅難陀：「如是名繫念法。」

迦絺羅難陀聞佛所說，歡喜奉行。

「觀一節已，次觀二節；觀二節已，次觀三節。觀三節已，心漸廣大，當觀五節，見脚五節如有白光，白骨分明；如是繫心，諦觀五節不令馳散，心若馳散攝令使還。如前念半節，念想成時舉身煖煴心下熱，得此想時名繫心住。

「心既住已，復當起想，令足趺肉兩向披，見足趺骨極令了了，見足趺骨白如珂雪。此想成已，次觀踝骨，使肉兩向披，亦見踝骨極令皎白。次觀脛骨，使肉褫落，自見脛骨皎然大白。次觀膝骨，亦使皎然分明。次觀髖骨，亦使極白。次觀脇骨，想肉從一一脇間兩向褫落，但見脇骨白如珂雪，乃至見於脊骨極令分明。次觀肩骨，想肩肉如以刀割，從肩至肘、從肘至腕、從腕至掌、從掌至指端，皆令肉兩向披，見半身白骨。見半身白骨已，次觀頭皮；見頭皮已，次觀薄皮；觀薄皮已，次觀膜；觀膜已，次觀腦；觀腦已，次觀肪；觀肪已，次觀咽喉；觀咽喉已，次觀肺腧；觀肺腧已，見心、肺、肝、大腸、小腸、脾、腎、生藏、熟藏。

「四十戶蟲在生藏中，戶領八十億小蟲，一一蟲從諸脈生，孚乳產生，凡有三億，口含生藏，一一蟲有四十九頭，其頭尾細猶如針鋒。此諸蟲等，二十戶是火蟲，從火精生；二十戶是風蟲，從風氣起。是諸蟲等，出入諸脈遊戲自在，火蟲動風、風蟲動火，更相呼吸以熟生藏，上下往復凡有七反。此諸蟲等各有七眼，眼皆出火；復有七身吸火動身，以熟生藏；生藏熟已，各復還走入諸脈中。

「復有四十戶蟲，戶領三億小蟲，身赤如火，蟲有十二頭，頭有四口，口含熟藏。脈間流血，皆觀令見。見此事已，又見諸蟲從咽喉出，又觀小腸、肝、肺、脾、腎，皆令流注入大腸中，從咽喉出墮於前地。此想成已，即見前地屎尿臭處及諸蚘蟲，更相纏縛，諸蟲口中流出膿血，不淨盈滿。此想成已，自見己身如白雪人，節節相拄。若見黃黑，當更悔過。既悔過已，自見己身骨上生皮，皮悉褫落聚在前地，漸漸長大如鉢多羅，復更長大似如瓫堈，乃至大如乾闥婆樓，或大或小隨心自在。又漸增長猶如大山，而有諸蟲唼食此山，流出膿血，有無數蟲遊走膿裏；復見皮山漸漸爛壞，唯有少在，諸蟲競食。

「有四夜叉忽從地出，眼中出火舌如毒蛇，而有六頭，頭各異相：一者、如山，二者、如猫，三者、如虎，四者、如狼，五者、如狗，六者、如鼠。又其兩手猶如猨猴，其十指端一一皆有四頭毒蛇：一者、雨水，二者、雨土，三者、雨石，四者、雨火。又其左脚似鳩槃荼鬼，右脚似於毘舍闍鬼，現醜惡形甚可怖畏。時四夜叉一一荷負九種死屍，隨次行列住行者前。」

佛告迦絺羅難陀：「是名不淨想最初境界。」

佛告阿難：「汝持是語慎莫忘失，為未來衆生，敷演廣說此甘露法三乘聖種。」

時迦絺羅難陀聞佛說此語，一一諦觀，經九十日不移心想，至七月十五日僧自恣竟，時諸比丘禮世尊已各還所安，於日後分次第修得四沙門果，三明六通皆悉具足，心大歡喜頂禮佛足，白佛言：「世尊！我於今日，因思惟故，因正受故，依三昧故，生分已盡，不受後有，知如道真，必定得成清淨梵行。世尊！此法是甘露器，受用此者食甘露味，唯願天尊重為廣說！」

爾時，世尊告迦絺羅難陀：「汝今審實得此法者，可隨汝意作十八變。」

時迦絺羅難陀住立空中，隨意自在作十八變。時諸比丘見迦絺羅難陀我慢心多，猶能調伏，隨順佛教繫心一處，不隨諸根成阿羅漢。爾時，會中有千五百比丘亂心多者，見此事已皆生歡喜，即詣佛所次第受法。

爾時，世尊因此憍慢比丘摩訶迦絺羅難陀，初制繫念法，告諸四衆：「若比丘、若比丘尼，若優婆塞、優婆夷，自今以後欲求無為道者，應當繫念專心一處。若使此心馳騁六根、猶如猨猴，無有慚愧，當知此人是旃陀羅，非賢聖種，心不調順，阿鼻獄卒常使此人。如是惡人，於多劫中無由得度，此亂心賊生三界種，依因此心墮三惡道。」

時諸比丘聞佛所說，歡喜奉行。

佛告阿難：「汝今見此摩訶迦絺羅難陀比丘因不淨觀得解脫不？汝好受持為衆廣說。」

阿難白佛：「唯然受教！」

佛告阿難：「諦聽！諦聽！善思念之！第二觀者，繫念額上，諦觀額中如爪甲大，慎莫移想。如是觀額令心安住，不生諸想唯想額上。然後自觀頭骨，見頭骨白如頗梨色。如是漸見舉身白骨，皎然白淨，身體完全節節相拄。復見前地諸不淨聚，如上所說。不淨想成時，慎莫棄身，當教易觀。

「易觀法者，想諸節間白光流出，其明熾盛猶如雪山；見此事已，前不淨聚夜叉吸去。復當想前作一骨人，極令大白。此想成已，次想第二骨人；見二骨人已，見三骨人；見三骨人已，見四骨人；見四骨人已，見五骨人，如是乃至見十骨人。見十骨人已，見二十骨人；見二十骨人已，見三十骨人；見三十骨人已，見四十骨人。見四十骨人已，見一室內滿中骨人，前後左右行列相向，各舉右手向於行者。是時，行者漸漸廣大，見一庭內滿中骨人，行行相向，白如珂雪，各舉右手向於行者。心復廣大，見一頃地滿中骨人，行行相向，各舉右手向於行者。心漸廣大，見一由旬滿中骨人，行行相向，各舉右手向於行者。見一由旬已，乃至見百由旬滿中骨人，行行相向，各舉右手向於行者。見百由旬已，乃至見閻浮提滿中骨人，行行相向，各舉右手向於行者。見一閻浮提已，次見弗婆提滿中骨人，行行相向，各舉右手向於行者。見弗婆提已，次見瞿耶尼滿中骨人，行行相向，各舉右手向於行者。見瞿耶尼已，見欝單越滿中骨人，行行相向，各舉右手向於行者。見四天下滿中骨人已，身心安隱無驚怖想，心漸廣大，見百閻浮提滿中骨人，行行相向，各舉右手向於行者。見百閻浮提已，見百弗婆提滿中骨人，行行相向，各舉右手向於行者。見百弗婆提已，次見百瞿耶尼滿中骨人，行行相向，各舉右手向於行者。見百瞿耶尼已，次見百鬱單越滿中骨人，行行相向，各舉右手向於行者。見此事已，身心安樂無驚怖想，心想利故，見娑婆世界滿中骨人，皆垂兩手伸舒十指，一切齊立向於行者。

「于時，行者見此事已，出定、入定恒見骨人，山河、石壁、一切世事，皆悉變化猶如骨人。爾時，行者見此事已，於四方面見四大水，其流迅駃色白如乳，見諸骨人隨流沈沒。此想成時復更懺悔，但純見水涌住空中，復當起想令水恬靜。」

佛告阿難：「此名凡夫心想白骨白光涌出三昧，亦名凡夫心海生死境界相。我今因迦絺羅難陀，為汝及未來一切衆生等，說是白骨白光涌出三昧門，為攝亂心渡生死海，汝當受持慎勿忘失！」

爾時，世尊說此語已，即現白光三昧，一一相貌皆令阿難悉得見之。爾時，阿難聞佛所說，歡喜奉行。此名白骨觀最初境界。

佛告阿難：「此想成已，更教餘想。教餘想者，當自觀身作一白骨人，極使白淨，令頭倒下入髖骨中，澄心一處極使分明。此想成已，觀身四面周匝四方皆有骨人。此想成已，即於前地作一白骨人，如似己身，亦復倒頭入髖骨中。想一成已，次當想二；想二成已，次當想三；想三成已，次當想四；想四成已，次當想五；想五成已，乃至想十。如是滿一房內，見諸骨人皆悉倒頭入髖骨中。見一房內已，乃至見於百房之內，是諸骨人皆悉倒頭入髖骨中。見百房已，見一由旬，滿中骨人皆悉倒頭入髖骨中。見一由旬已，乃至見無量諸白骨人皆悉倒頭入髖骨中。此想成已，見諸骨人各各縱橫悉在前地，或見頭破、或見項折、或見顛倒、或見繚戾、或見腰折、或見伸腳、或見縮腳、或見腳骨分為二分、或見頭骨倒入胸中、或見頭骨偃仰掣縮，紛亂縱橫悉在前地，周匝上下滿一室內。此想成已，乃至見於無量無邊諸白骨人紛亂縱橫，或大或小、或破或完。如此眾事，皆當住心諦觀，極令分明。」

佛告阿難：「是時，行者見此事已，當自思惟：『前骨完具，今者破散，縱橫紛亂不可記錄。此白骨身猶尚無定，當知我身亦復無我。』諦觀是已，當自思惟：『正有縱橫諸雜亂骨，何處有我及與他身？』爾時，行者思惟無我，身意泰然安隱快樂。」

佛告阿難：「此想成已，復當更教令心廣大，使彼行人，見一閻浮提縱橫亂骨，見諸骨外，周匝四面有大火起，焰焰相次燒諸亂骨，見諸骨人節節火起。如是火相，或有衆火猶如流水，明炎熾盛流諸骨間；或有衆火猶如大山，從四面來。此想成已極大驚怖，出定之時身體蒸熱。還當攝心，如前觀骨，觀一白骨人，極令明了。是時，行者入定之時不能自起，要當彈指然後得起。此想成者，當自起念而作是言：『我於前世無數劫來，造熱惱法，業緣所牽故，使今者見此火起。』復當作念：『如此火者從四大有，我身空寂四大無主，此大猛火橫從空起，我身、他身悉皆亦空。如此火者從妄想生，為何所燒？我身及火二皆無常。』」

佛告阿難：「行者應當至心諦觀如是等法，觀空無火，亦無衆骨。作此觀者無有恐懼，身意恬安倍勝於前。」

爾時，阿難聞佛所說，歡喜奉行。此想成者，名第二觀白骨竟。

佛告阿難：「觀第二白骨竟已，復當更教繫念法。繫念法者，先當繫心，著左足大指上，一心諦觀足大指，使肉青黑津膩，猶如日光炙於肥肉，漸漸至膝，乃至於髖；觀左足已，觀其右足亦復如是。觀右足已，次當觀腰，至背、至頸、至項、至頭、至面、至胸，舉身支節一切身分皆亦津黑，猶如日光炙於肥肉，不淨流溢，如屎尿聚。諦觀己身，極使分明；想一成已，復當想二；想二成已，復當想三；想三成已，復當想四；想四成已，復當想五，想五成已，復當想十。想十成已，見一室內滿中津黑，猶如日光炙於肥肉，如屎尿聚，諸不淨人行列縱橫滿一室內。見一室已，復見二室；見二室已，乃至見無量衆多不淨人，四維上下皆悉充滿娑婆世界。

「此想成已，行人自念：『我於前世貪婬、愚癡，不自覺知，盛年放逸貪著情色，無有慚愧，隨逐色、聲、香、味、觸法。今觀我身不淨流溢，他身亦爾，何可愛樂？』見此事已，極自厭身，慚愧自責。出定之時，見諸飲食如屎尿汁，甚可惡厭。次教易觀。易觀法者，當更起想念。想念成時，見其身外諸不淨間，周匝四面忽然炎起，如熱時焰其色正白，如野馬行映諸不淨。爾時，行者見此事已，當大歡喜，以歡喜故身心輕軟，其心明朗快樂倍常。」

佛告阿難：「是名第三慚愧自責觀。」

爾時，阿難聞佛所說，歡喜奉行。此想成者，名第三津膩慚愧觀竟。

佛告阿難：「此想成已，復當更教繫念住意左脚大指上。令諦觀脚大指節，起膖脹想；見膖脹已，起爛壞想；見爛壞已，起青、黑、赤、白諸膿血想，是諸膿血，極使臭處難可堪忍。如是漸漸至膝、至髖，皆令膖脹爛潰不淨，觀左脚已右脚亦然。如是漸漸至腰、至背、至頸、至項、至頭、至面、至胸，舉身支節一切膖脹，皆悉爛壞，青、黑、赤、白諸膿流出，臭惡雜穢不可堪處。想一成已，復更想二；想二成已，復更想三；想三成已，復更想四；想四成已，復更想五；

想五成已，乃至想十。想十成已，見一室內周匝上下，諸膖脹人皆悉爛壞，青、黑、赤、白諸膿悉皆流出，雜穢臭處不可堪忍。復當更想一由旬；想一由旬已，乃至想百由旬。想百由旬已，乃至見三千大千世界，周匝上下、地及虛空，一切彌滿膖脹爛壞，青、黑、赤、白諸膿流出，雜穢充滿不可堪處。」

佛告阿難：「爾時，行者見此事已，自觀己身不淨充滿，觀於他身亦復如是，當作想念：『我此身者甚可患厭，衆多不淨彌滿一切。』諦觀是已，畏生死患，其心堅固深信因果，出定、入定恒見不淨，欲求厭離捨棄此身。作此想時，自見己身，舉體皮肉如秋葉落；見肉墮地在前地已，即大動心心生驚怖，身心震掉不能自寧，身氣熱惱，如熱病人為渴所逼。出定之時，如人夏日行於曠野，渴乏無水身體疲極。此想成已，乃至食時，見所食物如膖死屍，見所飲漿猶如膿血。此想成已，極大厭身，觀於身內及於身外，求淨不得。」

佛告阿難：「復當更教令其易想，莫使棄身唐無所得。易觀法者，當於遠處臭穢之外，作一淨物。教其繫心想一淨物，心眼明了即欲往取。如是漸漸所見廣遠，諸不淨外有諸淨地如琉璃地，見此淨處即便欲往，轉復廣遠意不能達。」

佛告阿難：「爾時當教如此行人，而作是言：『汝所見事是不淨想，此不淨想而雜穢物，當知此想從顛倒起，皆由前世顛倒行故而得此身，如此身者種子根本皆為不淨。汝今實見此不淨不？雖見不淨，於外見淨，當知此淨及與不淨不可久停，隨逐諸根憶想見是。此不淨身屬諸因緣，緣合則有緣離則無，爾所見事亦屬緣想，想成則有想壞則無。如此想者，從五情出還入汝心，諸欲因緣而有此想。此不淨想，來無所從，去無所至。汝當一一諦觀不淨，求索彼、我了不可得。世尊說我及他皆悉空寂，何況不淨！』如是種種呵責其心，教令觀空，見髮毛、爪齒一切悉無，豁然捨諸不淨之物，如前住意還觀骨人。」

佛告阿難：「汝持是語，慎莫忘失此不淨觀及易想法。」

爾時，阿難聞佛此語，歡喜奉行。此想成時，名第四膖脹膿血及易想觀竟。

佛告阿難：「此想成已，次當更教繫念一處。端坐正受，諦觀右脚大指上，令指上皮携携欲穿，薄皮厚皮內外映徹，其薄皮內有一薄膜亦當諦觀。如是漸漸至膝、至髖，左脚亦然，至腰、至背、至頸、至項、至頭、至面、至胸，舉身皆爾。薄皮厚皮內外映徹，携携欲穿，如被吹者其皮膖脹，不可具說。身諸毛中一一毛孔，百千無量諸膿雜汁，猶如雨滴從毛孔出，疾於霔雨內外俱流，膿血盈滿不淨之極，難可堪忍，猶如膿池，亦如血池，諸蟲滿中。此想成已，當觀胸裏舉身是蟲，猶如蟲聚。復當更觀左脚大指膖脹膿潰，青膿、黃膿、赤膿、黑膿、紅膿、綠膿、白膿，爛潰交横與屎尿雜，復有諸蟲遊戲其中，穢惡臭處不可堪忍，厭患此身，不貪諸欲不樂受生。

「此想成時，見大夜叉身如大山，頭髮蓬亂如棘刺林，有六十眼猶如電光，有四十口口有二牙，皆悉上出猶如火幢，舌似劍樹吐至于膝，手捉鐵棒棒似刀山，如欲打人，如是衆多其數非一。見此事時極大驚怖，身心皆動。如此相貌皆是前身毀犯禁戒諸惡根本，無我計我、無常計常、不淨計淨，放逸染著貪受諸欲，於苦法中横生樂想，於空法中起顛倒想，於不淨身起於淨想，邪命自活不計無常。

「此想成時，復當更教：『汝莫驚怖！如此夜叉是汝惡心猛毒境界，從六大起，六大所成，汝今應當諦觀六大。此六大者，地、水、火、風、識、空。如此一一，汝當諦推：汝身為是地耶？為是水耶？為是火耶？為是風耶？為是識耶？為是空耶？如是一一諦觀此身，從何大起？從何大散？六大無主身亦無我，汝今云何畏於夜叉？如汝心想，來無所從，去無所至；想見夜叉，亦復如是。但安意坐，設使夜叉來打汝者，歡喜忍受諦觀無我，無我法中無驚怖想，但當正心結加趺坐，諦觀不淨及與夜叉。作一成已，復當作二，如是漸漸乃至無量，一一諦觀皆令分明。』」

佛告阿難：「汝好受持觀薄皮不淨法，慎莫忘失！」

爾時，阿難聞佛所說，歡喜奉行。此想成時，名第五觀薄皮竟。

佛告阿難：「此想成已，復當更教繫念著右脚大指上。當諦觀脚指，使脚膖脹，從脚至頭如吹皮囊，膖脹津黑青瘀難堪，滿中白蟲如粳米粒，蟲有四頭，蠢蠢相逐更相唼食。肌肉骨髓皆生諸蟲，一切五藏蟲皆食盡，唯有厚皮在其骨外，其皮厚薄猶如繒練，諸蟲出入如穿竹葉，內外攜攜其皮欲穿。眼中躁癢，有無數蟲穿眼欲出，生眼眶間，身分九孔亦復如是。諸蟲爾時從厚皮出，入薄皮中，皮遂穿盡蟲皆落地，其數衆多不可稱計，作一大聚猶如蟲山，在行者前，更相食噉或相纏繞。爾時，行者見衆多蟲已，復當繫念諦觀一蟲，使此一蟲噉諸蟲盡。既噉蟲已，一蟲獨在其心漸大，見向一蟲大如狗許，身體困頓鼻曲如角，嗅行者前，其眼正赤如燒鐵丸。見此事已，極大驚怖，當自憶念：『我身云何忽然乃爾作如此事？先見諸蟲更相食噉，今見此蟲形體醜惡，何甚可畏？』此想成時當自觀身：『我此諸蟲，本無今有，已有還無。如此不淨從心想生，來無所從，去無所至，亦非是我，亦非是他。如此身者，六大和合因緣成之，六大散滅，身亦無常；向者諸蟲，來無所從，去無所至，我身蟲聚當有何實？蟲亦無主，我亦無我！』作是思惟時，所見蟲眼當漸漸小。見此事已，身心和悅，恬然安樂倍勝於前。」

佛告阿難：「汝好受持是厚皮蟲聚觀法，慎莫忘失。」

阿難聞佛所說，歡喜奉行。此想成已，名第六厚皮蟲聚觀竟。

佛告阿難：「復當住意繫念一處，諦觀右脚大指上，從足至頭好諦觀之。當使皮肉都盡，腸、胃、腹、肝、肺、心、脾、腎，一切五藏悉落墮地，唯有筋骨共相連持，殘膜著骨其色極赤，或如淤泥或如濁水，作濁水想持用洗皮，從足至頭皆使如是，自觀己身極令分明。觀己身已，於現前地復作一身，使在前立，如己無異。想一成已，復當想二；想二成已，復當想三；想三成已，復當想四；想四成已，復當想五；想五成已，乃至想十。想十成已，見一室內周匝上下，滿中皆是赤色骨人，或有淤泥色者，或有濁水色者，以濁水洗皮。如是衆多漸漸廣大，滿一由旬；想一由旬已，想二由旬；想二由旬已，漸漸廣大，想百由旬。想百由旬已，乃至見三千大千世界，滿中赤色骨人，或有淤泥色者，或有濁水色者，以濁水洗皮，周匝上下縱橫彌滿。」

佛告阿難：「汝今諦觀此赤色相，慎莫忘失！」

爾時，阿難聞佛所說，歡喜奉行。此想成時，名第七極赤淤泥濁水洗皮雜想竟。

佛告阿難：「復當更教繫心住意觀左脚大指，從足至頭如新死人，其色萎黃，當觀己身亦復如是；見萎黃已，當令黃色變成青赤。此想成時，見於前地有一新死人，其色黃赤。見一已，見二；見二已，見三；見三已，見四；見四已，見五。見五已，心想利故，恒見己身如新死人。如是想成，見一切人滿閻浮提，如新死人。此想成已，轉復廣大，見三千大千世界滿中新死人，自見己身及以他身等無有異。此想成時，心意惙然，貪欲轉薄。」

佛告阿難：「汝好諦觀是新死想，慎莫忘失！」

爾時，阿難聞佛所說，歡喜奉行。此想成時，名第八新死想竟。

佛告阿難：「復當更教繫念住意，諦觀左脚大指上，從足至頭，使心不散。見身諸骨一一分明，共相支拄亦相連持，無有破者，毛髮爪齒皆悉具足，皎然大白見己身已，往復反覆想令白淨。想一身已，復想二身；想二身已，復想三身；想三身已，復想四身；想四身已，復想五身，乃至於十。想十身已，見一室內周匝上下悉是骨人，毛髮爪齒皆悉具足，白中白如珂雪。見一室已，復見百室；見百室已，見一閻浮提；見一閻浮提已，乃至見三千大千世界滿中骨人，毛髮爪齒皆悉具足，其色極白白如珂雪。此想成時，心意恬安，歡喜倍常。」

佛告阿難：「汝好諦觀具身骨想，慎莫忘失！」

爾時，阿難聞佛所說，歡喜奉行。此想成時，名第九具身想竟。

佛告阿難：「復當更教繫心住意，諦觀右足大指兩節間，令心專住無分散意。觀兩節使相離去，唯角相拄。觀兩節已，從足至頭皆令如是，使節節解，唯角相拄，從頭至足有三百六十三解，一一諦觀，令節節各解。若不足者安心諦觀，令節節各解唯角相拄。觀己身已，當觀他身；觀見一已，觀見二；觀二已，觀見三；觀三已，觀見四；觀四已，觀見五。觀五已，乃至觀見無量諸白骨人，節節各解唯角相拄。見此事已，復見四方眾多骨人亦復如是。得此觀時，當自然見諸骨人外猶如大海，恬靜澄清，其心明利，見種種雜色光圍繞四邊。見此事已，心意自然安隱快樂，身心清淨無憂喜想。」

佛告阿難：「汝好諦觀此節節解想，慎莫忘失。」

阿難聞佛所說，歡喜奉行。得此觀者，名第十節節解觀竟。

佛告阿難：「此想成已，復當更教繫念住意，諦觀右脚大指兩節間，令節相離如三指許，作白光想持用支拄，若夜坐時作月光想，若晝坐時作日光想，連持諸骨莫令解散。從足至頭三百六十三解，皆令相離如三指許，以白光持不令散落，晝日坐時以日光持，若夜坐時以月光持，觀諸節間皆令白光出。得此觀時，當自然於日光中見一丈六佛，圓光一尋，左右上下亦各一尋，軀體金色，舉身光明炎赤端嚴，三十二相、八十種好皆悉炳然，一一相好分明得見，如佛在世等無有異。若見此時慎莫作禮，但當安意諦觀諸法，當作是念：『佛說諸法無來無去，一切性相皆亦空寂。諸佛如來是解脫身，解脫身者則是真如，真如法中無見無得。』作此想時，自然當見一切諸佛，以見佛故，心意泰然恬怕快樂。」

佛告阿難：「汝今諦觀是流光白骨，慎莫忘失！」

爾時，阿難聞佛所說，歡喜奉行。得此觀者，名第十一白骨流光觀竟。

佛告阿難：「得此觀已，復當更教繫心住意，諦觀脊骨，於脊骨間，以定心力作一高臺想，自觀己身如白玉人結加趺坐，以白骨光普照一切，作此觀時極使分明。坐此臺已，如神通人住須彌山頂，觀見四方無有障閡，自見故身了了分明，見諸骨人白如珂雪，行行相向，身體完具無一缺落，滿於三千大千世界，此名白光想成。次見縱骨，亦滿三千大千世界；復見橫骨，亦滿三千大千世界；見青色骨人行行相向，滿三千大千世界；復見黑色骨人行行相向，滿三千大千世界；復見膖脹人行行相向，滿三千大千世界；復見膿癩人、復見膿血塗身人，滿三千大千世界；復見爛壞舉身蟲出人，滿三千大千世界；復見薄皮覆身人，滿三千大千世界；復見皮骨相離人，滿三千大千世界；復見赤如血色人，滿三千大千世界；復見濁水色人，滿三千大千世界；復見淤泥色人，滿三千大千世界；復見白骨人，毛髮爪齒共相連持，滿三千大千世界；次見三百六十三節解唯角相拄，如此骨人滿三千大千世界；次見節節兩向解離相去三指許間有白光人，滿三千大千世界；次見散白骨人，唯有白光共相連持，滿三千大千世界。如是當見眾多白骨人，數不可說。

「得此觀時，當起想念：『我此身者從四大起，枝葉種子乃至如是，不淨之甚極可患厭。如此境界從我心起，心想則成不想不見，當知此想是假觀見，從虛妄見屬諸因緣，我今當觀諸法因緣。』云何名諸法因緣？諸法因緣者，從四大起。四大者，地、水、火、風。

「復當觀是風大從四方起，一一風大猶如大蛇，各有四頭二上二下，衆多耳中皆出是風。此觀成時，風變為火，一一毒蛇吐諸火山，其山高峻甚可怖畏。有諸夜叉住火山中，動身吸火毛孔出風，如是變狀遍滿一室。滿一室已，復滿二室；滿二室已，漸漸廣大，滿一由旬，滿一由旬已，滿二由旬；滿二由旬已，滿三由旬；滿三由旬已，轉復廣大，滿閻浮提。見諸夜叉，在火山中吸火負山，毛孔出風周慞馳走，遍閻浮提。復驚夜叉以逼行者，見此事時，心大驚怖，求易觀法。

「易觀法者，先觀佛像，於諸火光端各作一丈六佛像想。此想成時，火漸漸歇變成蓮華，衆多火山如真金聚，內外映徹；諸夜叉鬼似白玉人，唯有風大迴旋宛轉，吹諸蓮華。無數化佛住立空中，放大光明如金剛山，是時諸風靜然不動。時四毒蛇口中吐水，其水五色遍滿一床。滿一床已，復滿二床；滿二床已，次滿三床，如是乃至遍滿一室；滿一室已，次滿二室；滿二室已，次滿三室，如是乃至遍滿十室。水滿十室已，見五色水，色色之中各有白光，如頗梨幢有十四重，節節皆空，白水涌出停住空中。

「此想成時，行者自見身內心中有一毒龍，龍有六頭繞心七匝，二頭吐水二頭吐火二頭吐石，耳中出風，身諸毛孔各生九十九毒蛇，如是諸蛇二上二下。諸龍吐水從足下出，流入白水如是漸漸滿一由旬，皆見是事。滿一由旬已，復滿二由旬；滿二由旬已，滿三由旬，如是乃至滿閻浮提。滿閻浮提已，是時毒龍從臍而出，漸漸上向入於眼中，從眼而出住於頂上。爾時，諸水中有一大樹，枝葉四布遍覆一切，如此毒龍不離己身，吐舌樹上，是龍舌上有八百鬼。或有鬼神頭上戴山，兩手如蛇，兩脚似狗。復有鬼神頭似龍頭，舉身毛孔有百千眼，眼中火出，齒如刀山宛轉在地。復有諸鬼，一一鬼形有九十九頭，各有九十九手，其頭形狀極為醜惡，似狗野干、似狸、似猫、似狐、似鼠。是諸鬼頸各負獼猴，是諸惡鬼遊戲水中，或有上樹騰躍透擲。有夜叉鬼頭上火起，是諸獼猴以水滅火，不能制止遂使增長。如是猛火，從其水中頗梨幢邊忽然熾盛，燒頗梨幢如融真金，焰焰相次繞身十匝，住行者上如真金蓋，有諸羅網彌覆樹上，此真金蓋足滿三重。爾時，地下忽然復有四大惡鬼，有百千耳耳出水火，身毛孔中雨諸微塵，口中吐風充滿世界。有八萬四千諸羅剎鬼，雙牙上出高一由旬，身毛孔中霹靂火起，如是衆多走戲水中；復有虎狼、師子、豺豹、鳥獸從火山出，遊戲水中。見是事時，一一骨人滿娑婆界，各舉右手，時諸羅剎手執鐵叉，擎諸骨人積聚一處。爾時，復有九色骨人，行行相次來至行者所。如是衆多百千境界，不可具說。」

佛告阿難：「此想成時，名四大觀。汝好受持，慎勿忘失！」

爾時，阿難聞佛所說，歡喜奉行。此想成時，名第十二地大觀、火大觀、風大觀、水大觀，亦名九十八使境界。

佛告阿難：「此想成已，復當更教繫念住意，諦觀腰中脊骨，想諸脊骨白如珂雪。見脊骨已，見舉身骨節節相拄，轉復明淨白如頗梨。見一一骨，支節大小一一皆明，如頗梨鏡，火大、風、水、地大，是諸境界皆於一節中現。此想成時，見下方地，從於床下漸漸就開；見一床下地已，復見二床下地；見二床下地已，復見三床下地；見三床下地已，漸見一室內；見一室內已，次見二室內；見二室內已，漸見三室內；見三室內已，復見一庭中地漸漸就開。見此事時，應當諦觀乃至下方無有障閡，下方風輪中有諸風起，向諸夜叉皆吸此風。吸此風已，身諸毛孔生鳩槃荼，一一鳩槃荼吐諸山火，滿大千世界。是諸山間，忽然復有無量妙女，鼓樂絃歌至行者前，羅剎復來爭取食之。行者見已，極大驚怖不自勝持。出定之時，恒患心痛頂骨欲破，攝心入定，如前悉見四大境界。見此境界已，四大定力故，自見身體白如玉人，節節上火起，節節下水流，耳中風出，眼中雨石。見此事已，於其前地有十蚖蛇，其身長大五百由旬，有千二百足，足似毒龍身出水火，宛轉於地。此想成時，但當至心懺悔先罪，出定之時不得多語，於寂靜處一心繫念，唯除食時，復當懺悔服諸酥藥，然後方當易此觀法。」

佛告阿難：「此觀名為第二四大觀，汝好受持慎勿忘失！」

爾時，阿難聞佛所說，歡喜奉行。此想成時，名第十三結使根本觀竟。

中現。見此事已，見諸骨人從東方來，向於行者，行行相次數如微塵。如是東方，滿娑婆世界諸白骨人，皆行行相次來向行者，南西北方、四維上下亦復如是。復有青色骨人，行行相次來向行者，滿閻浮提，漸漸廣大，乃至東方，滿娑婆世界，南西北方、四維上下亦復如是。復有淤泥色骨人，行行相次來向行者，滿閻浮提，漸漸廣大，乃至東方，滿娑婆世界，南西北方、四維上下亦復如是。復有濁水色骨人，行行相次來向行者，滿閻浮提，漸漸廣大，乃至東方，滿娑婆世界，南西北方、四維上下亦復如是。復有赤色骨人，行行相次來向行者，滿閻浮提，漸漸廣大，乃至東方，滿娑婆世界，南西北方、四維上下亦復如是。復有紅色骨人，行行相次來向行者，滿閻浮提，漸漸廣大，乃至東方，滿娑婆世界，南西北方、四維上下亦復如是。復有膿血塗身骨人，行行相次來向行者，滿閻浮提，漸漸廣大，乃至東方，滿娑婆世界，南西北方、四維上下亦復如是。復有黃色骨人，行行相次來向行者，滿閻浮提，漸漸廣大，乃至東方，滿娑婆世界，南西北方、四維上下亦復如是。復有綠色骨人，行行相次來向行者，滿閻浮提，漸漸廣大，乃至東方，滿娑婆世界，南西北方、四維上下亦復如是。復有紫色骨人，行行相次來向行者，滿閻浮提，漸漸廣大，乃至東方，滿娑婆世界，南西北方、四維上下亦復如是。復有那利瘡色骨人，於諸節間，二節流出十六色諸惡雜膿，行行相次來向行者，滿閻浮提，漸漸廣大，乃至東方，滿娑婆世界，南西北方、四維上下亦復如是。

「此想成時，行者驚怖，見諸夜叉欲來噉己。爾時，復當見諸骨人節節火起，焰焰相次，遍滿娑婆世界。復見骨人頂上涌出諸水，如頗梨幢。復見骨人頭上，一切衆火化為石山，是時諸龍耳出諸風吹火動山，是時諸山旋住空中，如窯家輪而無分閡。見此事已，極大驚怖，以驚怖故，有一億鬼擔山吐火，形狀各異來至其所。」

佛告阿難：「若有比丘正念安住，修不放逸，見此事時，當教諸法空無我觀。出定之時，亦當勸進令至智者所，問甚深空義。聞空義已應當自觀：『我身者，依因父母不淨和合，筋纏血塗，三十六物汚露不淨，屬諸業緣從無明起，今觀此身無一可愛，如朽敗物。』作是思惟，時諸骨人皆來逼己，當伸右手以指彈諸骨人，而作是念：『如此骨人從虛妄想，強分別現；我身亦爾從四大生，六入村落所共居止，何況諸骨從虛妄出！』作是念時，諸白骨人碎散如塵，積聚在地如白雪山；衆多雜色骨人，有一大虺忽然吞食。於白雪山上有一白玉人，身體端嚴，高三十六由旬，頸赤如火，眼有白光。時諸白水并頗梨幢，悉皆自然入白玉人頂，龍鬼、蛇虺、獼猴、師子、狸猫之屬，悉皆驚走，畏大火故尋樹上下，身諸毛孔九十九蛇悉在樹上，爾時毒龍宛轉繞樹，復見黑象在樹下立。

「見此事時，應當深心六時懺悔，不樂多語，在空閑處思諸法空，諸法空中無地、無水，亦無風、火。色是顛倒，從幻法生；受是因緣，從諸業生；想為顛倒，是不住法；識為不見，屬諸業緣生貪愛種；如是種種，諦觀此身。地大者從空見有，空見亦空，云何為堅想地？如是推析何者是地，作是觀已名觀外地，一一諦觀地大無主。

「作是想時，見白骨山復更碎壞，猶如微塵，唯骨人在於微塵間，有諸白光共相連持，於白光間復生種種四色光明，於光明間復起猛火燒諸夜叉。時諸夜叉為火所逼悉走上樹，未至樹上黑象踏蹴，夜叉出火燒黑象腳。黑象是時作聲鳴吼，如師子吼音，演說*苦、空、無常、無我，亦說此身是敗壞法，不久當滅。黑象說已與夜叉戰，夜叉以大鐵叉刺黑象心，黑象復吼一房地動，是時大樹根莖、枝葉一時動搖，龍亦吐火欲燒此樹，諸蛇驚張各申九十九頭以救此樹。是時夜叉復更驚起，手執大石欲擲黑象，黑象即前以鼻受石，擲置樹上，石至樹上狀似刀山。是夜叉奮身大踊，身諸毛孔出諸毒龍，龍有四頭吐諸烟焰，甚可怖畏。此想成時，自見己身，身內心處深如坑井，井中有蛇吐毒上下，現於井上有摩尼珠，以十四絲繫懸在虛空。時彼毒蛇仰口吸珠了不能得，失捨躄地迷悶無知，是時口火還入頂中。行者若見此事，當起懺悔乞適意食，調和四大極令安隱，當坐密屋無鳥雀聲處。」

佛告阿難：「若比丘、比丘尼、優婆塞、優婆夷得此觀者，名得地大觀。當勤繫念，慎莫放逸。若修不放逸行疾於流水，當得頂法，雖復嬾惰，已捨三塗惡道之處，捨身他世生兜率天，值遇彌勒，為說苦、空、無常等法，豁然意解，成阿那含果。」

佛告阿難：「汝今諦受地大觀法慎勿忘失，為未來世一切衆生敷演廣說！」

爾時，阿難聞佛所說，歡喜奉行。得此觀者，名第十四地大觀竟，亦名分別四大相貌，復名見五陰麁相，有智慧者亦能自知結使多少。四念處中，名身念處，唯見身外未見身內；身念處境界四分之中，此是最初。得此觀者，身心悅樂少於諍訟。

佛告阿難：「此想成已，次當更觀身外火從因緣有，有緣則起，緣離則滅，如此衆火來無所從來，去無所至，恍忽變滅終不暫停。作是思惟時，外火即滅，更不復現。復當思惟：『外諸水等江河池流，皆是龍力變化所成，我今云何橫見此水？此諸水等來無所從來，去無所至。』作是思惟時，外水不現。復當起念：『此風者與虛空合，諸龍鳴吼假因緣有。如此想者，亦不在內、亦不在外、不在中間，顛倒心故橫見此事。』作是思惟時，外風不起。復當更繫念思惟身內脊骨，見身內骨白如珂雪，一一節間，三十六物穢惡不淨皆於中現。或見身皮猶如皮囊，盛諸不淨，無量瘭疽、百千癰疾悉在其中，諸膿流出滴滴不絕，當在骨人頭上，極可厭患。或見身內五藏悉皆走入於大腸中，大腸膖脹爛潰難堪。爾時行者以定力故，出定、入定見一切人及與己身同不淨聚，見諸女人身如蟲狗穢惡不淨，自然當得不貪色想。」

佛告阿難：「此想成時，名第十四觀外四大，亦名漸解學觀空。」

佛告阿難：「汝持佛語，慎勿忘失！」

爾時，阿難聞佛所說，歡喜奉行。

佛告阿難：「此想成已，復當更教繫念諦觀身內地大。身內地大者，骨、齒、爪、髮、腸、胃、腹、肝、心、肺，諸堅實物，悉是地大精氣所成。外地無常所以知之，譬如大地，二日出時，大地焦枯；三日出時，江河池沼悉皆枯竭；四日出時，大海三分減二；五日出時，大海枯盡；六日出時，大地焰起；七日出時，大地然盡。外地猶爾，勢不支久，況身內地當復堅牢？爾時，行者應自思惟：

『今我此身，髮是我耶？爪是我耶？骨是我耶？身諸五藏為是我耶？』如是諦觀身諸支節，都無有我。自觀諸骨，一一諦觀：『此骨者從何處生？父母和合赤白精時，如乳時、如泡時、如是歌羅邏時、如安浮陀時，如是諸時何處有骨？當知此骨本無今有，已有還無；此骨者同虛空相，外地無常，內地亦爾。』作是思惟時，諦觀己身一切諸骨，自然破散猶如微塵，入定觀骨，但見骨處不見骨相，出定見身如前無異。

「復當更觀：『身內諸火從外火有，外火無常無有暫停，我今身火何由久熱？』作是觀時，觀諸骨上一切火光悉滅不現。復當更觀身內諸水：『我此諸水因外水有，外水無常勢不支久，內水亦爾假緣而有，何處有水及不淨聚？外風無常勢不支久，從因緣生還從緣滅；今我身內所有諸風，假偽合成強為機關，何處有風？從妄想起，是顛倒見！』作是思惟時，不見身內諸龍耳中所有諸風悉滅不現。如是種種，諦自思惟：『何處有人及地、水、火、風？』觀此地是敗壞法，觀此火猶如幻，又觀此風從顛倒起，觀此水從虛妄想現。作是觀時，行者見身猶如芭蕉，中無堅實，或自見心如水上泡，聞諸外聲猶如谷聲。作是觀時，見諸骨上一切火光，見白光水，見諸龍風，悉在一處，觀身靜寂不識身相，身心安隱恬怕悅樂。如此境界，名第十五四大觀竟。」

禪祕要法經卷上

禪祕要法經卷中

後秦弘始年鳩摩羅什
等於長安逍遙園　譯

佛告阿難：「汝今至心受持此四大觀法，慎勿忘失，為未來世一切衆生當廣演說！」

爾時，阿難聞佛所說，歡喜奉行。

「作此觀時，以學觀空故身虛心勞，應服酥及諸補藥，於深禪定應作補想觀。補想觀者，先自觀身，使皮皮相裹猶如芭蕉，然後安心自開頂上想，復當勸進釋、梵、護世諸天，使持金瓶盛天藥，釋提桓因在左，護世諸天在右，持天藥灌頂，舉身盈滿，晝夜六時恒作此想。若出定時，求諸補藥食好飲食，恒坐安隱快樂倍常。修是補身經三月已，然後更念其餘境界，禪定力故諸天歡喜。時釋提桓因為說甚深空無我法，讚歎行者頭面敬禮。以服天藥故，出定之時顏色和悅，身體潤澤如膏油塗。見此事者，名第十六四大觀竟。」

佛告阿難：「此想成已，復當更教繫念住意，令觀外色，一切色者從何處生？作此觀時，見外五色，如五色光圍繞己身。此想現時，自觀身胸，胸骨漸漸明淨，如頗梨鏡明顯可愛；復見外色，一一衆色明如日光。得此觀時，四方自然生四黑象，黑象大吼踏衆色滅；如是衆色在地者滅，於虛空中玄黃可愛，倍復過常。爾時，大象以鼻繞樹，四象四邊樂拔此樹，不能傾動，復有四象以鼻繞樹，亦不能動。爾時，行者見此事已，出定之時，應於靜處，若在塚間、若在樹下、若阿練若處，覆身令密應當靜寂，更求好藥以補己身。如上修習補身藥法，復經三月，一心精進如救頭然，心不放逸，於所受戒不起犯心，晝夜六時懺悔諸罪。復更思惟身無我空，如前境界，一一諦觀極令明了。此想成時胸骨漸明，猶如神珠內外映徹，心內毒蛇復更踊身騰住空中，口中有火，欲吸摩尼珠了不能得；如前失捨自撲於地，身心迷悶望見四方。爾時，諸象復更奔競，來至樹所。時諸夜叉、羅剎、惡獸、諸龍蛇等，俱時吐毒與黑象戰。爾時黑象以鼻繞樹，聲吼而挽。象挽樹時，諸龍、夜叉吐毒前戰，不肯休息。

「爾時，地下有一師子，兩眼明顯似如金剛，忽然踊出與諸龍戰。爾時，諸龍踊住空中，象故挽樹終不休息，地漸漸動。是時行者，地動之時當觀此地，從空而有非堅實法；如此地者，如乾闥婆城，如野馬行，從虛妄出，何緣而動？作是思惟時，自分己身，胸骨乃至面骨漸漸明淨，見諸世間一切所有，皆悉明了。得此觀時，如執明鏡自觀面像。行者爾時，見諸身外一切眾色及諸不淨，亦見身內一切不淨。此想成時，名第十七身念處觀。」

佛告阿難：「汝好受持此身念處灌頂章句，慎勿忘失！開甘露法門，為未來世一切眾生當廣演說！」

爾時，阿難聞佛所說，歡喜奉行。

佛告阿難：「此想成已，復當更教繫念思惟，諦觀面骨。自見面骨如白玉鏡，內外俱淨，淨如明鏡，漸漸廣大。見舉身骨白如頗梨鏡，內外俱淨，一切衆色皆於中現，須臾見身如白玉人。復見澄清如毘琉璃，表裏俱空，一切衆色皆於中現。復見己身如白銀人，唯薄皮在，皮極微薄，薄於天劫貝，內外映徹。復見己身如閻浮檀那金人，內外俱空，復見己身如金剛人。

「見此地時，黑象倍多以鼻繞樹，盡己身力不能令動。爾時衆象吼聲震烈，驚動大地；大地動時，有金剛山從下方地出，住行者前。爾時行者見已四邊有金剛山，復見前地猶如金剛，復見諸龍尋樹上下，吐金剛珠，樹遂堅固象不能動。唯五色水從樹上出，仰流樹枝，從於樹端下流葉間，乃至樹莖，亦流金剛山間，布散彌漫滿於大地，金剛地下，乃至金剛山；此五色水放五色光，或上或下遊行無常。爾時黑象從金剛山出，欲吸此水，諸龍吐毒與大象戰。爾時諸蛇入龍耳中，並力作勢共黑象戰，爾時黑象盡力蹴掣，亦無奈何。見此事時，諸水光明皆作伎樂，或有變化狀如天女，歌詠作伎甚可愛樂。此女端正，天上人間無有比類，其所作樂及妙音聲，忉利天上亦無此比；如是化女作諸技術，數億千萬不可具說見此事時慎勿隨著，應當繫心念前不淨。出定之時應詣智者問甚深空義，爾時智者應為行者說無我空。

「爾時，行者復應繫念如前，自觀身骨。自見胸骨明淨可愛，一切不淨皆於中現。見此事已，當自思惟：『如我今者，髮是我耶？爪是我耶？齒是我耶？色是我耶？受是我耶？想是我耶？識是我耶？』一一諦觀：『無明是我耶？行是我耶？識是我耶？名色是我耶？六入是我耶？觸是我耶？受是我耶？愛是我耶？取是我耶？有是我耶？生是我耶？老死是我耶？若死是我者，諸蟲唼食散滅壞時，我是何處？若生是我者，念念不住，於此生中無常住想，當知此生亦非是我。若頭是我，頭骨八段解解各異，腦中生蟲，觀此頭中而實無我。若眼是我，眼中無實，地與水合，假火為明假風動轉，散滅壞時烏鵲等鳥皆來食之，𤺋蛆諸蟲所共唼食，諦觀此眼。若心是我，風力所轉無暫停時，亦有六龍擧此心中，有無量毒心為根本，推此諸毒及與心性皆從空有，妄想名我。如是諸法，地、水、火、風、色、香、味、觸及十二緣，一一諦推，何處有我？觀身無我，云何有我所？我所者，為青色是我？黃色是我？赤色是我？白色是我？黑色是我？此五色者，從可愛有隨縛著生，欲水所染，從老死河生，從恩愛賊起，從癡惑見。如此衆色實非是我，惑著衆生橫言是我，虛見衆生復稱我所。一切如幻，何處有我？於幻法中，豈有我所？』

「作是思惟時，自見身骨明淨可愛，一切世間所希見事皆於中現。復見己身如毘琉璃人，內外俱空，如人戴琉璃幢，仰看空中一切皆見。

「爾時，行者於自身內及與身外，以觀空故學無我法，自見己身兩足如琉璃筒，亦見下方一切世間所希見事。此想成時，行者前地明淨可愛，如毘琉璃極為映徹。持戒具者，見地清淨如梵王宮；威儀不具，雖見淨地猶如水精。此想成時，有無量百千無數夜叉、羅刹，皆從地出，手執白羊角、龜甲、白石打金剛山，復有諸鬼手執鐵槌打金剛山。是時，山上有五鬼神，千頭千手，手執千劍與羅刹戰，毒蛇毒龍皆悉吐毒圍繞此山。復有諸女作妓歌詠，作諸變動護助此山。若見此事當一心觀，諸女現時，當觀此女猶如畫瓶中盛臭處不淨之器，從虛妄出，來無所因去亦無處，如此相貌是我宿世惡業罪緣故見此女。此女人者是我妄想，無數世時貪愛因緣，從虛妄見。應當至心觀無我法，我身無我，他身亦然，今此所見屬諸因緣，我不願求。我觀此身無常敗壞，亦無我所，何處有人及與衆生？

「作此思惟已，一心諦觀空無我法。觀無我時，上方琉璃地際有四大鬼神，自然來至負金剛山。時諸夜叉、羅剎，亦助此鬼破金剛山，時金剛山漸漸頹毀，經於多時泯然都盡，唯金剛地在。爾時諸象及諸惡鬼并力挽樹，樹堅難動。

「見此事已，復更歡喜，懺悔諸罪。懺悔罪已，如前繫念觀琉璃人，琉璃地上，於四方面生四蓮華，其華金色亦有千葉，金剛為臺，有一金像結加趺坐，身相具足光明無缺，在於東方，南、西、北方亦復如是。復自見琉璃身益更明淨，內外洞徹無諸障礙，身內身外滿中化佛。是諸化佛各放光明，其光微妙如億千日，顯赫端嚴遍滿一切。三千大千世界滿中化佛，一一化佛有三十二相、八十種隨形好，一一相好各放千光，其光明盛如和合百千日月，一一光間有無數佛，如是漸漸復更增廣數不可知，一一焰間復更倍有無數化佛，是諸化佛迴旋宛轉，入琉璃人身中。

「爾時，自見己身如七寶山，高顯可觀，復更嚴顯如雜寶須彌山，山映顯在金剛地上。時金剛地復更明顯，如焰摩天紫紺摩尼珠。身轉復明淨，如無數諸佛光明，化成寶臺，亦入琉璃人頂。復見前地在鐵圍山，滿中諸佛結加趺坐處蓮華臺，地及虛空中間無缺，一一化佛身滿世界，是諸化佛不相妨礙。復見鐵圍諸山淨如琉璃，無障礙想，見閻浮提山河、石壁、樹木、荊棘，一切悉是諸妙化佛。心漸廣大，見三千大千世界，虛空及地一切悉是微妙佛像。是時行者但觀無我，慎勿起心隨逐佛像。復當思惟：『我聞佛說，諸佛如來有二種身：一者、生身，二者、法身。今我所見，既非法身又非生身，是假想見從虛妄起，諸佛不來我亦不去，云何此處忽生佛像？』說是語時，但當自觀己身無我，慎勿隨逐諸化佛像。

「復當諦觀：『今我此身前時不淨，九孔膿流筋纏血塗，生藏、熟藏、大小便利、八萬戶蟲，一一蟲復有八十億小蟲以為眷屬，如此之身，當有何淨？』

「作是思惟時，自見己身猶如皮囊，出定亦見身內無骨，身皮如囊，亦觀他身猶如皮囊。見此事時，當詣智者問諸苦法。聞苦法已，諦觀此身屬諸因緣，當有生苦，既受生已，憂悲苦惱、恩愛別離、與怨憎會，如是種種是世間苦法。今我此身不久敗壞，在苦網中屬生死種，風刀諸賊隨從我身，阿鼻地獄猛火熾然當焚燒我，駝、驢、猪、狗一切畜生及諸禽獸，我悉當經受諸惡形，如此諸苦名為外苦。今我身內，自有四大毒龍、無數毒蛇，一一蛇有九十九頭，羅刹惡鬼及鳩槃荼諸惡鬼等，集在我心。如此身心極為不淨，是弊惡聚，三界種子萌芽不斷，云何我今於不淨中而生淨想？於虛妄物作金剛想？於無佛處作佛像想？一切世間諸行性相，悉皆無常不久磨滅，如我此身，如彈指頃亦當敗壞，用此虛想於不淨中假偽見淨。

「作是思惟時，自見己身淨如琉璃，皮囊諸相自然變滅，觀身及我了不能得。但見四方有諸黑象踐踏前地，前地金剛一切摧碎，見地樹荄乃至下方，衆荄甚多不可稱數。爾時，黑象如前以鼻繞樹，無量諸龍及諸夜叉，與黑象共戰；狂象蹴踏，是諸鬼神悶絕躄地。於虛空中，有諸鬼神其數衆多，手捉刀輪，佐助黑象欲拔此樹，如是多時樹一根動。此樹動時，行者自見繩床下地自然震動，日日如是。滿九十日，如是應當乞好美食及諸補藥，以補身體，安隱端坐復如前法。如前所見，從初境界一一諦觀，往復反覆經十六反，極令明淨。既明淨已復還繫念，觀身苦、空、無常、無我，悉亦皆空。

「作是思惟時，觀身不見身，觀我不見我，觀心不見心，爾時忽然見此大地、山河、石壁一切悉無。出定之時如癡醉人，應當至心修懺悔法，禮拜塗地放捨此觀。禮拜之時未舉頭頃，自然得見如來真影，以手摩頭讚言法子：『善哉！善哉！汝今善觀諸佛空法。』以見佛影故心大歡喜，還得醒悟。爾時，尊者摩訶賓頭盧與五百阿羅漢飛至其前，廣為宣說甚深空法，以見五百聲聞比丘故，心大歡喜頭頂懺悔。復見尊者舍利弗、摩訶目揵羅夜那及千二百五十聲聞影。爾時復見釋迦牟尼佛影，見釋迦牟尼佛影已，復得見過去六佛影。是時諸佛影如頗梨鏡，明顯可觀，各伸右手摩行者頂，諸佛如來自說名字，第一佛言：『我是毘婆尸。』第二佛言：『我是尸棄。』第三佛言：『我是毘舍。』第四佛言：『我是拘樓孫。』第五佛言：『我是迦那含牟尼。』第六佛言：『我是迦葉毘。』第七佛言：『我是釋迦牟尼佛，是汝和上。汝觀空法，我來為汝作證，六佛世尊現前證知見。』

「佛說是語時，見佛色身了了分明，亦見六佛了了分明。爾時，七佛各放眉間白毫大人相光，光明大盛，照娑婆世界及琉璃身皆令明顯。爾時諸佛現此相時，身諸毛孔放大光明，化佛無數，遍滿三千大千世界，地及虛空純黃金色。是諸世尊中有飛行者，中有作十八變者，中有經行者，中有入深禪定者，中有默然安住者，中有放大光明者。唯大和上釋迦牟尼佛，為於行者說四真諦，分別苦、空、無常、無我，諸法空義。過去六佛亦復分別十二因緣，或復演說三十七道品，讚歎聖行。

「爾時，行者見佛聞法心生歡喜，應時自思惟：『諸佛世尊有二種身，今我所見見佛色身，不見如來解脫知見五分法身。』作是思惟時，復更懺悔慇懃不懈，晝夜六時恒修三昧，應作是念：『此色身，如幻、如夢、如焰、如旋火輪、如乾闥婆城、如呼聲響，是故佛說：一切有為法，如夢幻泡影，如露亦如電。如是諸法等，我今一一應當諦觀，極令了了。』作是觀時，化佛不現。若有少在復更觀空，以觀空故化佛即滅，唯七佛在。爾時，七佛與諸聲聞眷屬大眾，廣為行者說三十七助聖道法，聞此法已身心歡喜。

「復更諦觀苦、空、無常、無我等法。作是觀時，狂象大吼挽樹令動，樹初動時，見一房地六變震動。復有夜叉刺黑象殺，眾多黑象死臥在地，不久爛潰，白膿、黑膿、青膿、黃膿、綠膿、紫膿、赤膿、赤血，流汚在地。復有蜣蜋諸蟲遊集其上，復有諸蟲眼中出火燒蜣蜋殺。爾時，下方金剛地際有五金剛輪，有五金剛人在其輪間，右手執金剛劍，左手執金剛杵，以杵擣地，以劍斫樹。

「見此事時大地漸動，見城內地六種震動。見一城已，復見二城，漸漸廣大，見一踰闍那。見一踰闍那已，復更廣大，普見三千大千世界一切地動。動時東踊西沒、西踊東沒、南踊北沒、北踊南沒、中踊邊沒、邊踊中沒，此地動時，見大樹荄乃至金剛際。時金剛人以刀斫之，令樹荄絕。樹荄絕時，諸龍諸蛇皆悉吐焰，尋樹而上。爾時復有衆多羅刹，積薪樹上。時金剛人以金剛杵擣樹枝折，擣此樹時，一杵乃至八萬四千杵，樹枝方折。爾時杵端自然出火，燒此樹盡，唯有樹心如金剛錐，從三界頂下至金剛際，不可傾動。是時行者得此觀時，出定安樂，出定、入定心恒靜寂，無憂喜想，復懃精進晝夜不息。以精進故，世尊釋迦牟尼與過去六佛當現其前，為說甚深空三昧、無願三昧、無作三昧，聞已歡喜隨順佛教，諦觀空法如大水流，不久當得阿羅漢道。」

佛告阿難：「此不淨想觀是大甘露，滅貪婬欲，能除衆生結使心病。汝好受持，慎勿忘失！若佛滅度後，比丘、比丘尼、優婆塞、優婆夷，聞此甘露灌頂聖法，能攝諸根，至心繫念諦觀身分，心不分散斂心使住，經須臾間，此人命終得生天上。若復有人隨順佛教，繫念諦觀一爪一指，令心安住，當知此人終不墮落三惡道中。若復有人繫念諦觀，見舉身白骨，此人命終生兜率陀天，值遇一生補處菩薩號曰彌勒，見彼天已隨從受樂，彌勒成佛，最初聞法得阿羅漢果，三明六通具八解脫。若復有人觀此不淨得具足者，於此身上見佛真影，聞佛說法得盡諸苦。」

爾時，阿難即從坐起，整衣服為佛作禮，叉手長跪白佛言：「世尊！此法之要云何受持？當何名此法？」

佛告阿難：「此名觀身不淨雜穢想，亦名破我法觀無我空。汝好受持，為未來世濁苦衆生貪婬多者，當廣分別！」

佛說是語時，釋、梵、護世無數天子，持天曼陀羅華、摩訶曼陀羅華、曼殊沙華、摩訶曼殊沙華，而散佛上及諸大衆，頂禮佛足讚歎佛言：「如來出世甚為希有，乃能降伏驕慢邪見迦絺羅難陀，亦為未來貪婬衆生說甘露藥，增長天種，不斷三寶。善哉！世尊！快說是法！」

龍神、夜叉、乾闥婆等，亦同諸天讚歎於佛。尊者阿難、迦絺羅難陀及千比丘、無量諸天、八部之衆聞佛所說，歡喜奉行，禮佛而退。

得此觀者，名十色不淨，亦名分別諸蟲境界。是最初不淨門，有十八方便，諸境界性不可具說，入三昧時，當自然得此第十八一門觀竟。

如是我聞：一時，佛住舍衛國祇樹給孤獨園，爾時世尊與千二百五十比丘俱。是時會中有一比丘，名禪難提，於深禪定久已通達，成阿羅漢，三明六通具八解脫，即從坐起正衣服，叉手長跪而白佛言：「如來今者，現在世間利安一切。佛滅度後，佛不現在，諸四部衆有業障者，若繫念時境界不現在前，如是煩惱及一切罪、犯突吉羅乃至重罪欲懺悔者，當云何滅是諸罪相？若復有人殺生邪見，欲修正念，當云何滅邪見、殺生、惡煩惱障？」

作是語已，如大山崩五體投地，頂禮佛足復白佛言：「唯願世尊為我解說，今未來世一切衆生恒得正念，不離賢聖！」

爾時，世尊猶如慈父安慰其子，告言：「善哉！善哉！善男子！汝行慈心與慈俱生，今具大悲無漏根、力、覺、道成就，汝於今日為未來世一切衆生問除罪法。諦聽！諦聽！善思念之！」

爾時，世尊即放頂光，此光金色有五百化佛，繞佛七匝照祇陀林，亦作金色，現此相已還從佛枕骨入。

爾時，世尊告禪難提及勑阿難：「汝等當教未來衆生罪業多者，為除罪故，教使念佛。以念佛故，除諸業障、報障、煩惱障。念佛者當先端坐，叉手閉眼舉舌向齶，一心繫念心心相注，使不分散，心既定已先當觀像。觀像者，當起想念觀於前地，極使白淨，取相長短壁方二丈，益使明淨猶如明鏡。見前地已，見左邊地亦使明淨，見右邊地亦使明淨，及見後地亦使明淨，使四方地悉平如掌，其一一方各作二丈地想，極使明淨。地既明已還當攝心，觀於前地作蓮華想，其華千葉七寶莊嚴。復當作一丈六金像想，令此金像結加趺坐，坐蓮華上。

「見此像已，應當諦觀頂上肉髻，見頂上內髻髮紺青色，一一髮舒長丈三，還放之時右旋宛轉，有琉璃光住佛頂上，如是一一孔一毛旋生，觀八萬四千毛皆使了了。見此事已，次觀像面，像面圓滿如十五日月，威光益顯分齊分明。復觀額廣平正，眉間毫相白如珂雪，如頗梨珠右旋宛轉。復觀像鼻，如鑄金鋋，似鷹王嘴，當于面門。復觀像口，脣色赤好如頻婆羅菓。次觀像齒，口四十齒方白齊平，齒上有印，印中出光如白真珠，齒間紅色流出紅光。次觀像頸，如琉璃筒顯發金顏。次觀像胸德字、萬字，衆相印中極令分明，印印出光五色具足。次觀佛像臂，如象王鼻柔軟可愛。次觀像手，十指參差不失其所，手內外握，手上生毛如琉璃光，毛悉上靡如赤銅爪，爪上金色爪內紅色，如赤銅山與紫金合。次觀合曼掌，猶如鵝王舒時則現，似真珠網攝手不見。觀像手已，次觀像身，方坐安隱如真金山，不前不却中坐得所。復觀像脛，如鹿王腨鵬直圓滿。次觀足趺，平滿安庠，足下蓮華千輻具足，足上生毛如紺琉璃，毛皆上靡，脚指齊整參差得中，爪色赤銅，於脚指端亦有千輻相輪，脚指網間猶如羅文，似鴈王脚。如是諸事，及與身光、圓光、項光，光有化佛、諸大比丘衆、化菩薩，如是化人如旋火輪旋逐光走。如是逆觀者，從足逆觀乃至頂髻，順觀者從頂至足。

「如是觀像，使心分明，專見一佛像。見一像已，復當更觀得見二像，見二佛像時，使佛像身成瑠璃出衆色光，焔焔相次如燒金山，化像無數。見二像已，復見三像；見三像已，復見四像；見四像已，復見五像；見五像已，乃至見十像。見十像已，心轉明利，見閻浮提齊四海內。凡夫心狹不得令廣，若廣大者，攝心令還齊四海內，以鐵圍山為界。見此海內滿中佛像，三十二相、八十隨形好皆使分明，一一相好有無數光。

「若於衆光，見一一境界雜穢不淨從罪報得，復應更起掃兜婆塗地，造作淨籌，謙卑下下，修諸懺悔。復當安心正念一處，如前觀像不緣餘事，諦觀像眉間。觀像眉間已，次第觀其餘諸相，一一相好皆使分明。若不分明，更復懺悔作諸苦役，然後攝心如前觀像。見諸佛像身色端嚴，三十二相皆悉具足，滿四海內皆坐華上。

「見坐像已，復更作念：『世尊在世，執鉢持錫入里乞食，處處遊化以福度衆生。我於今日，但見坐像不見行像，宿有何罪？』作是念已復更懺悔，既懺悔已，如前攝心繫念觀像。觀像時，見諸坐像一切皆起，*具身丈六方正不傾，身相光明皆悉具足。見像立已復見像行，執鉢持錫威儀庠序，諸天人衆皆亦圍繞。復有衆像飛騰虛空，放金色光滿虛空中，猶如金雲復似金山，相好無比。復見衆像，於虛空中作十八變，身上出水身下出火，或現大身滿虛空中，大復現小如芥子許，履地如水履水如地，於虛空中東踊西沒、西踊東沒、南踊北沒、北踊南沒、中踊邊沒、邊踊中沒、上踊下沒、下踊上沒，行住坐臥隨意自在。

「見此事已，復當作念：『世尊在世，教諸比丘右脇而臥，我今亦當觀諸像臥。』尋見諸像牒僧伽梨，枕右肘右脇而臥，脇下自然生金色床，金光栴檀種種雜色，衆妙蓮華以為敷具，上有寶帳垂諸瓔珞，佛放大光滿寶帳內，猶如金華復似星月，無量寶光猶如團雲，處空明顯，中有化佛彌滿虛空。見臥像已，復當作念：『過去有佛，名釋迦牟尼，唯獨一身教化衆生，住在此世四十九年，入大涅槃而般涅槃，猶如薪盡火滅永滅無餘。我今心想，以想心故見是多像。此多像者，來無所從，去無所至，從我心想妄見此耳。』作是念時，漸漸消滅衆像皆盡，唯見一像獨坐華臺結加趺坐。諦觀此像，三十二相、八十種好皆使明了，見此像已名觀像法。」

佛告禪難提及勅阿難：「佛滅度後，若比丘、比丘尼、優婆塞、優婆夷欲懺悔者，欲滅罪者，佛雖不在，繫念諦觀形像者，諸惡罪業速得清淨。觀此像已，復當更觀：『從像臍中便放一光，其光金色分為五支，一光照左，一光照右，一光照前，一光照後，一光照上。如是五光，光光之上皆有化佛，佛相次第滿虛空中，見此相時極使明了。復見化佛上至梵世，彌滿三千大千世界，於三千大千世界中，見金色光如紫金山，內外無妨。見此事時心意快然，見前坐像如佛真影。』見佛影已，復當作念：『此是影耳，世尊威力智慧自在現作此事，我今應當諦觀真佛。』

「爾時，尋見佛身微妙如淨琉璃，內有金剛；於金剛內有紫金光，共相映發成衆相好，三十二相、八十種好，猶如印文炳然明顯，微妙清淨不可具說。手執澡瓶住立空中，瓶內盛水狀如甘露，其水五色五光清淨，如琉璃珠柔軟細滑，灌行者頂滿於身中。自見身內水所觸處，八十戶蟲漸漸萎落，蟲既萎已，身體柔軟心意悅樂，當自念言：『如來慈父，以此法水上味甘露而灌我頂，此灌頂法必定不虛。』

「爾時，復當更起想念：『唯願世尊為我說法！』罪業除者聞佛說法。佛說法者，說四念處，說四正勤，說四如意足、五根、五力，說七覺，說八聖道；此三十七法，一一分別為行者說。說此法已，復教觀苦、空、無常、無我。教此法已，以見佛故得聞妙法，心意開解如水順流，不久亦成阿羅漢道。業障重者，見佛動口不聞說法，猶如聾人無所聞知。爾時，復當更行懺悔，既懺悔已，五體投地對佛啼泣，經歷多時修諸功德，然後方聞佛所說法，雖聞說法於義不了。

「復見世尊以澡瓶水灌行者頂，水色變異純金剛色，從頂上入其色各異，青、黃、赤、白，衆穢雜相亦於中現。水從頂上入直下身中，從足跟出流入地中，其地即時變為光明，大如丈許下入地中，如是漸深直到水際。到水際已，復當作意：『隨此光去！』復觀此水水下淳空，復更當觀空下有紺琉璃地，琉璃地下有金色地，金色地下有金剛地，金剛地下復見虛空，見此虛空豁然大空都無所有。見此事已復還攝心，如前觀一佛像，爾時彼佛光明益顯不可具說，復持澡瓶水灌行者頂，水相光明亦如上說，如是七遍。」

佛告禪難提：「此名觀像三昧，亦名念佛定，復名除罪業，次名救破戒，令毀禁戒者不失禪定。」

佛告阿難：「汝好受持此觀佛三昧灌頂之法，為未來世一切眾生當廣分別。」

佛說是語時，尊者禪難提及諸天眾、千二百五十比丘皆作是言：「如來世尊於今日為諸眾生亂心多者說除罪法，唯願世尊更開甘露，令諸眾生於佛滅後得涅槃道！」

禪難提比丘聞佛說此觀佛三昧，身心歡喜，應時即得無量三昧門，豁然意解成阿羅漢，三明六通皆悉具足。

佛告阿難：「此想成者，名第十九觀佛三昧，亦名灌頂法。汝好受持，慎勿忘失，為未來世一切眾生分別廣說。」

佛說此語時，諸比丘眾聞佛所說，歡喜奉行。

佛告阿難：「貪婬多者，雖得如此觀佛三昧，於事無益，不能獲得賢聖道果。次當更教自觀己身，令如前法還作骨人，使皎然大白猶如雪山。復當繫念住意在臍中，或在腰中，隨息出入，一數二隨、或二數三隨、或三數四隨、或四數五隨、或五數六隨、或六數七隨、或七數八隨、或八數九隨、或九數十隨，終而復始，隨息往反至十，復捨數而止。爾時心意恬靜無為，自見身皮猶如練囊，見此事已不見身骨，不知心處。爾時復當更教起想，還使身內心意、身體支節，如白玉人。既見此已，復當繫念在腰中脊骨大節上，令心不散。爾時復當自然見身上有一明相，大如錢許，漸漸廣大，如摩伽大魚耳周遍雲集。復似白雲，於白雲內有白光明，如頗梨鏡，光明漸盛舉體明顯。復有白光，團圓正等猶如車輪，內外俱明明過於日。見此事時復更如前，一數二隨、或二數三隨、或三數四隨、或四數五隨、或五數六隨、或六數七隨、或七數八隨、或八數九隨、或九數十隨，或單或複修短隨意，如是繫念在於密處，使心不散。復當繫念如前，更觀腰中大節，觀大節時定心不動。

「復自見身更益明盛，勝前數倍如大錢許。倍復精進，遂更見身明倍增長，如澡罐口，世間明物無以為譬。見此明已，倍懃精進心不懈退。復見此明，當於胸前如明鏡許。見此明時，當懃精進如救頭然，慇懃不止，遂見此明益更增盛，諸天寶珠無以為譬，其明清淨無諸瑕穢，有七種色光，光七寶色，從胸而出入於明中。此相現時，遂大歡喜自然悅樂，心極安隱無物可譬。復更精進心不懈息，見光如雲繞身七匝，其一一光化成光輪，於光輪中，自然當見十二因緣根本相貌。若不精進懈怠懶惰，犯於輕戒乃至突吉羅罪，見光即黑猶如牆壁，或見此光猶如灰炭，復見此光似敗故衲；由意縱逸輕小罪故，障蔽賢聖無漏光明。」

佛告阿難：「此不淨觀灌頂法門，諸賢聖種。勅諸比丘、比丘尼、優婆塞、優婆夷，若有欲修諸賢聖法，諦觀諸法苦、空、無常、無我因緣，如學數息使心不亂，當勤持戒一心攝持，於小罪中應生慇重慚愧懺悔，乃至小罪慎勿覆藏。若覆藏罪，見諸光明如朽敗木，見此事時即知犯戒，復更慚愧懺悔自責，掃兜婆塗地作諸苦役。復當供養、恭敬師長父母，於師父母視如佛想，極生恭敬。復從師父母求弘誓願，而作是言：『我今供養師長父母，以此功德，願我世世恒得解脫。』如是慚愧修功德已，如前數息，還見此光明顯可愛，如前無異。復當更繫念，諦觀腰中大節，念心安定無分散意；設有亂心，復當自責慚愧懺悔。既懺悔已，復見臍光七色具足，猶如七寶，當令此光合為一光，鮮白可愛。

「見此事已，如前還教繫念思惟，觀白骨人白如珂雪。既見白骨人已，復當更教繫念住意在骨人頂。見骨人頂自然放光，其光大盛似如火色，長短麁細正共稍等，從其頂上，顛倒下垂入頂骨中，從頂骨出入頸骨中，從頸骨出入胸骨中，從胸骨出還入臍中，從臍中出，即入脊骨大節中。入大節中已光明即滅，光明滅已，應時即有一自然大光明雲，衆寶莊嚴寶華清淨。色中上者中有一佛，名釋迦牟尼，光相具足三十二相、八十種隨形好，一一相好放千光明，此光大盛如億千萬日，明赫炎炎。彼佛亦說四真諦法，光相炳然，住行者前以手摩頭，化佛復教言：『汝前身時，貪欲、瞋恚、愚癡因緣，隨逐諸惡，無明覆故，令汝世世受生死身。汝今應當觀汝身內諸萎悴事，身外諸火一切變滅。』作是語已，如前還教不淨觀法，觀身諸蟲一切萎落。見此事已，復當起火燒諸蟲殺。蟲既不死，復自見身如白頗梨，自然鮮白。見白骨已，從頭出光，其光大小麁細如稍，令長丈五。復當作念：『使頭却向。』復當作意使頭却向，令身皆倒，以頭拄脊骨對臍大節。

「見此事已，復當諦觀，使白骨人與光同色。既同色已，見其光端有種種色菓。見是菓已，復見衆光從菓頭出，有白色光，其光大盛如白寶雲；是諸骨人其色鮮白，與光無異。復見諸骨摧折墮落，或有頭落地者，或有骨節各各分散，或有全身白骨，猶如猛風吹於雨雪聚散不定，譬如掣電隨現隨滅；此諸骨人墮地成聚猶如堆阜，似腐木屑集聚一處。行者自觀見於阜上，有自然氣出至於虛空，猶如烟雲其色鮮白，彌滿虛空右旋宛轉，復還雲集併在一處。見此事時，復當教作一骨人想。見此骨人身有九色，九畫分明，一一畫中有九色骨人，其色鮮明不可具說。一一骨人，復當皆使身體具足，映顯前骨人中，使不妨礙。作是觀已，復當自觀，一一色中猶如琉璃，無諸障蔽。於其色中，九十九色，一一色復有九色衆多骨人，是諸骨人有種種相，其性不同不相妨礙。

「見此事已，應勤精進滅一切惡。見此事已，前聚光明雲猶如坏器，來入其身從臍中入，既入臍已入脊骨中。入脊骨已，自見己身與本無異，平復如故。出定入定，以數息故恒見上事。見此事時，復當還教繫心住意在本臍光中，不令心散。爾時，心意極大安隱，既安隱已，復當自學審諦分別諸聖解脫。

「爾時，復當見過去七佛為其說法，說法者說四真諦，說五受陰空無我所。是時諸佛與諸賢聖，恒至行者前教種種法，亦教觀空、無我、無作、無願三昧，告言：『法子！汝今應當諦觀色、聲、香、味、觸，皆悉無常不得久立，恍忽如電即時變滅，亦復如幻，猶如野馬，如熱時焰，如乾闥婆城，如夢所見覺不知處，如鑿石見光須臾變滅，如鳥飛空跡不可尋，如呼聲響無有應者。汝今亦當作如是觀，三界如幻，亦如變化。』於此即見一切身內及與身外，空無所有，如鳥飛空無所依止，心超三界；觀諸世間須彌巨海，皆不久停亦如幻化。

「自觀己身不見身相，便作是念：『世界無常三界不安，一切都空，何處有身及眼所對？此諸色欲及諸女人，從顛倒起橫見可愛，實是速朽敗壞之法。夫女色者，猶如枷鎖勞人識神，愚夫戀著，不知厭足不能自拔，不免杻械不絕枷鎖。行者既識法相知法空寂，此諸色欲猶如怨賊，何可戀惜？復似牢獄，堅密難捨。

我今觀空厭離三界，觀見世間如水上泡，斯須磨滅；心無衆想，得知世法是重患累。凡夫迷惑至死不覺，不知衆苦戀著難免，縱情狂惑無所不至。我今觀此狂惑女色，如呼聲響亦似鏡像，求覓叵得。觀此女色為在何處？妄見衰害欺諸凡夫，為害滋多。今觀此色，猶如狂華隨風零落，出無所從，去亦無所至，幻惑無實，愚夫樂著。今觀此色一切無常，如癩病人良醫治差。我今觀苦、空、無常，見此色相皆無堅實。念諸凡夫甚可愍傷，愛著此色敬重無厭，耽愚惑著甘樂無窮，為諸恩愛而作奴僕，欲稍刺已痛徹心髓，恩愛枷鎖撿繫其身。』

「如是念已，復觀一切都皆空寂。此諸婬欲、諸色情態，皆從五陰四大而生。五陰無主，四大無我，性相俱空，何由而有？作是觀時，智慧明顯見身大明，如摩尼珠無有妨礙，似金剛精青白明顯，如鹿突圍，得免獵師危害之苦。觀於五陰性相皆淨，觀六大如鳥高翔，身無所寄。以吞色鉤，俛仰得度，離諸女色更不起情，自然超出諸婬欲海，一切結使猶如衆魚，競走隨逐墮黑闇坑，無明老死為智慧火之所焚燒。觀色雜穢陋惡不淨，猶如幻惑無有暫停，永離色染不為色縛。」

佛告阿難：「若有比丘、比丘尼、優婆塞、優婆夷貪婬多者，先教觀佛令離諸罪，然後方當更教繫念令心不散。心不散者所謂數息，此數息法是貪婬藥，無上法王之所行處。汝好受持，慎勿忘失！此想成者，名第二十數息觀竟。」

爾時，尊者阿難及禪難提並諸比丘，聞佛所說，歡喜奉行。

如是我聞：一時，佛在舍衛國遊行教化，至多羅聚落。至聚落已，與千二百五十比丘入村乞食。乞食還已止於樹下，洗足訖收衣鉢，敷尼師壇結加趺坐。爾時，衆中有一比丘名迦栴延，有一弟子名槃直迦出家多時，經八百日讀誦一偈不能通利，晝夜六時恒誦此言，止惡行善修不放逸，但誦此語終不能得。

爾時尊者迦栴延盡其道力教授弟子，不能令得，即至佛所為佛作禮，繞佛三匝而白佛言：「如來出世多所利益，利安天人普度一切，唯我弟子獨未蒙潤，唯願天尊為我開悟，令得解脫！」

佛告迦栴延：「諦聽！諦聽！善思念之！如來今者當為汝說往昔因緣。」

迦栴延白言：「世尊！願樂欲聞。」

佛告迦栴延：「乃往過去九十一劫，有佛世尊，名毘婆尸如來、應供、正遍知、明行足、善逝、世間解、無上士、調御丈夫、天人師、佛世尊。彼佛出世，教化衆生度人周訖，於般涅槃而取滅度。佛滅度後有一比丘，聰明多智讀誦三藏，自恃憍慢散亂放逸，有從學者不肯教授，專愚貢高不修正念，命終之後墮黑闇地獄，經九十劫，恒在闇處愚蒙無智。由前出家功德力故，從地獄出得生天上，雖生天上，天宮光明及諸供具一切黑闇，卑於諸天。誦三藏故，天上命終，生閻浮提得值佛世；因前貢高，雖遇於佛不解法相。我今當為說諸方便，教繫念法。」

爾時，迦栴延白佛言：「世尊！唯願如來為此愚癡槃直迦比丘及未來世一切愚癡亂想衆生，說正觀法！」

佛告槃直迦：「汝從今日常止靜處，一心端坐叉手閉目，攝身、口、意，慎勿放逸。汝因放逸，多劫之中久受勤苦。汝隨我語，諦觀諸法。」

時槃直迦隨順佛語，端坐繫心。

佛告槃直迦：「汝今應當諦觀脚大指節，令心不移，使指節上漸漸疱起，復令膖脹，復當以意令此膖脹漸大如豆。彼當以意使膖脹爛壞，皮肉兩披黃膿流出，於黃膿間血流滂滂，一節之上飢膚爛盡，唯見右脚指節白如珂雪。見一節已，從右脚漸漸廣大，乃至半身，膖脹爛壞黃膿流血；令半身肌皮皆兩向披，唯半身骨皎然大白。見半身已，復見全身一切膖脹，都已爛壞膿血可惡，見諸雄蟲遊戲其中，如是種種亦如上者。觀見一已，復見二；見二已，復見三；見三已，復見四；見四已，復見五；見五已，乃至見十；見十已，心漸廣大，見一房中；見一房中已，乃至見一天下；見一天下已，若廣者復攝令還，如前觀一。

「觀已，復當移想繫念，諦觀鼻頭；觀鼻頭已，心不分散；若不分散，如前觀骨。復當自想身肉肌皮，皆父母和合不淨精氣所共合成，如此身者種子不淨。復當次教繫念觀齒，人身中唯此齒白，我此身骨白如此齒；心想利故，見齒長大猶如身體。爾時，復當移想更觀額上，使額上白骨白如珂雪。若不白者，復當易觀教作九想，廣說如九想觀法。作此觀時，若鈍根者，過一月已至九十日，諦觀此事然後方見；若利根者，一念即見。見此事已，復更教觀腰中大節白骨，見已即如前，應觀種種色骨人，此法不成，復當教慈心觀。慈心觀者，廣說如慈三昧，教慈心已，復教更觀白骨。

「若見餘事慎勿隨逐，但令此心了了分明，見白骨人如白雪山，若見餘物起心滅除，當作是念：『如來世尊教我觀骨，云何乃有餘想境界？我今應當一心觀骨！』見白骨已，令心澄靜無諸外想，普見三千大千世界滿中骨人。見此骨人已，一一皆滅，如前觀苦。」

爾時，槃直迦比丘聞佛說此語，一一諦觀，心不分散了了分明，應時即得阿羅漢道，三明六通具八解脫，自念宿命所習三藏，了了分明亦無錯謬。爾時，世尊因此愚癡貢高槃直迦比丘，制此清淨觀白骨法。佛告迦栴延：「此槃直迦愚癡比丘，尚以繫念成阿羅漢，何況智者而不修禪？」

爾時，世尊見此事已，為說偈言：

禪為甘露法，　定心滅諸惡，　慧殺諸愚癡，　永不受後有。
愚癡槃直迦，　尚以定心得，　何況諸智者，　不勤修繫念？

爾時，世尊告迦栴延及勅阿難：「汝今應當受持佛語，以此妙法普濟群生。若有後世愚癡眾生、憍慢貢高邪惡眾生欲坐禪者，從初迦絺羅難陀觀法及禪難提觀像之法，復當學此槃直迦比丘所觀之法，然後自觀己身，見諸白骨白如珂雪，時骨人還來入身，悉見白骨流光散滅。見此事已，行者自然心意和悅，恬靜無為。出定之時頂上溫暖，身毛孔中恒出諸香，出定入定恒聞妙法。續復自見身體溫暖，悅豫快樂顏貌熙怡，恒少睡眠身無苦患，得此暖法恒自覺知，心下溫暖心常安樂。若後世人欲學禪者，從初不淨乃至此法，得此觀者名和暖法。」

佛告阿難：「佛滅度後，若有比丘、比丘尼、優婆塞、優婆夷於濁世中，欲學正受思惟者，從初繫念觀於不淨乃至此法，是名暖法。若得此法，名第二十一暖法觀竟。」

佛告阿難：「汝今持此迦栴延子所問暖法，慎勿忘失！」

爾時，阿難白佛言：「世尊！後世眾生若有能受持是三昧者，一心安隱得於暖法，此人云何當自覺知？」

佛告阿難：「若有諦觀諸結使相，從初不淨乃至此法，自覺身心皆悉溫暖，心心相續無諸惱恚，顏色和悅，此名暖法。復次，阿難！若有行者得暖法已，次當更教繫念在諸白骨間，皆有白光，見白光時白骨散滅。若餘境界現在前者，復當攝心還觀白光，見諸白光炎炎相次，遍滿世界。自觀己身復更明淨，頗梨雪山不得為比，自見骨人各各離散。作此觀時定心令久，心既久已，當自見頂上有大光明，猶如火光從腦處出。」

佛告阿難：「若見此事，便當更教，從頭至足反覆往復，凡十四遍。作此觀已，出定入定恒見頂上火出如真金光，身毛孔中亦出金光如散粟金，身心安樂，如紫金光明還從頂入，此名頂法。若有行者得此觀時，能得頂觀。」

佛告阿難：「汝好受持是頂觀法，廣為未來一切衆生說！」

爾時，阿難聞佛所說，歡喜奉行。得此觀者，名第二十二觀頂法竟。

佛告阿難：「此想成已，復當更教繫念觀諸白骨。令諸散骨如風吹雪聚在一處，自然成積白如雪山，若見此事得道不難。若有先身犯戒者，今身犯戒者，見散骨積猶如灰土，或於其上見諸黑物，復當懺悔，向於智者自說已過。既懺悔已，見骨積上有大白光，乃至無色界。出定、入定恒得安樂，本所愛樂漸漸微薄。復當更觀，如前覆尋，九孔膿流不淨之物皆令了了，心無疑悔。復當如上，骨間生火燒諸不淨，不淨已盡金光流出還入於頂，此光入頂時，身體快樂無以為譬。得此觀者，名第二十三觀助頂法方便竟。

「復當更教繫念住意，自觀己身猶如草束。出定之時，亦見己身猶如芭蕉，皮皮相裹。復當自觀，衆芭蕉葉猶如皮囊，身內如氣亦不見骨。出定、入定恒見此事，身體羸劣。復當更教令自觀身，還聚成一如乾草束，見身堅強。既見堅強，復當服酥飲食調適。然後觀身還似空囊，有火從內燒此身盡。燒身盡已，入定之時恒見火光；觀見火已，見於四方一切火起。出定、入定身熱如火，見此火大從支節起，一切毛孔火從中出。出定之時，亦自見身如大火聚，身體烝熱不能自持。爾時，四方有大火山，皆來合集在行者前，自見己身與衆火合，此名火想。復當令火燒身都盡，火既燒已，入定之時觀身無身，見身悉為火所燒盡。火燒盡已，自然得知身中無我，一切結使皆悉同然，不可具說。此名火想真實火大，第二十四火大觀竟。」

佛告阿難：「汝好受持是火大無我觀。此火大觀名智慧火，燒諸煩惱，汝好受持，為未來世一切眾生當廣敷演！」

爾時，阿難聞佛所說，歡喜奉行。

佛告阿難：「若有行者，得火大觀已，復當更教繫念思惟，令繫念鼻端，更觀此火從何處起？觀此火時，自觀己身悉無有我，既無有我火自然滅。復當作念：『我身無我，四大無主，此諸結使及使根本從顛倒起。顛倒亦空，云何於此空法之中橫見身火？』作是觀時，火及與我求覓無所，此名火大無我觀。

佛告阿難：「汝好受持此火大觀，為未來世一切眾生當廣分別敷演解說！」

阿難聞佛所說，歡喜奉行，是名第二十五觀竟。

佛告阿難：「我見火滅時，先從鼻滅，然後身體一時俱滅，身內心火八十八結亦俱得滅，身中清涼調和得所，深自覺悟了了分明，決定無我，出定、入定恒知身中無有吾我，此名滅無我觀竟。」

佛告阿難：「復當更教觀灌頂法。觀灌頂者，自見己身如琉璃光，超出三界；見有真佛以澡瓶水從頂而灌，彌滿身中。身彌滿已支節亦滿，從臍中流出在於前地，佛常灌水。爾時世尊灌頂已，即滅不現。臍中水出猶如琉璃，其色如紺琉璃光，光氣遍滿三千大千世界。水出盡已，復當更教繫念：『願佛世尊更為我灌頂！』爾時，自然見身如氣，麁大甚廣超出三界。見水從頂入，見身麁大與水正等，滿於水中。復自見臍猶如蓮華，涌泉流出彌滿其身，繞身如池，有諸蓮華，一一蓮華七色光明，其光演說苦、空、無常、無我等法，聲如梵音悅可耳根。此相現時，復當更教叉手閉目，一心端坐，從於頂上自觀身內不見骨想，出定、入定自見己身如琉璃甖。

「復當起念，使自己心四大毒龍想。見己心內如毛孔開，有六種龍，一一龍有六頭，其頭吐毒猶如風火，彌漫池中。在蓮華上，一一華光流入龍頂，光入頂時龍毒自歇，唯有大水滿其身內。此想成時，名觀七覺華。雖見此想，於深禪定猶未通達，復當更教如上數息，使心安隱恬然無念。此想成時，名四大相應觀。」

佛告阿難：「汝好受持是七覺意四大相應觀，慎莫忘失！普為未來一切衆生當廣分別，為諸四衆敷演解說。」

爾時，阿難聞佛所說，歡喜奉行。

「復當更教繫念住意，諦觀水大從毛孔出，彌漫其身。出定、入定見身如池，其水綠色，如此綠水似山頂泉，從頂而出從頂而入。見有七華純金剛色，放金色光，其金色光中有金剛人，手執利劍斬前六龍。復見衆火從龍口出，遍身火然，衆水枯竭，火即滅盡。水火滅盡已，自見己身漸漸大白猶如金剛，出定、入定心意快樂，猶如酥灌，如服醍醐，身心安樂。復當更教繫念觀他，觀外境界。以外想故，自然見有一樹生奇甘菓，其菓四色四光具足，如此菓樹如琉璃樹，彌漫一切。見此樹已，普見一切四生衆生飢火所逼，一切來乞見已歡喜，生憐愍心即起慈心，見此乞者如己父母受大苦惱。『我今云何當救拔之？』作是念已，即自觀身如前，還為膿血復為肉段，持施飢者；是諸餓鬼爭取食之，食之既飽四散馳

禪祕要法經卷下

後秦弘始年鳩摩羅什
等於長安逍遙園　譯

「爾時，復當自觀己身及以他身，我身、他身從顛倒起，實無我所。若有我者，云何忽然見此餓鬼來在我邊？爾時，復見無量餓鬼，其身長大無量無邊，頭如太山咽如絲髮，飢火所逼叫喚求食。見此事已，當起慈心以身施鬼，餓鬼得已，嗜食其體即便飽滿。見是事已，復當更教觀衆多餓鬼，見諸餓鬼繞身四匝，如前以身食諸餓鬼。見此事已，復教攝身使心不散，自觀己身是不淨聚。作是觀時，尋自見身膿血諸肉，皆段段壞聚在前地，見諸衆生爭取食之。既見此事，復當自觀其身，從諸苦生從諸苦有，是敗壞法不久磨滅，餓鬼所食。作是相時，忽見身內心處有猛火，燒前池上一切蓮華及諸餓鬼，衆惡醜形及與池水泓然都盡。

「見此事已，復當更教諦觀己身，如前完具身體平復，復當更觀己身一切毛孔。以慈心故，血變成乳從毛孔出，在地如池衆乳盈滿；復見衆多餓鬼至此池上，以宿罪故不得乳飲。爾時慈心視鬼如子，欲令飲乳，以鬼罪故乳變成膿。斯須之間復更慈心，以慈心故，身毛孔中一切乳出，勝前數倍。念諸餓鬼飢苦所逼，何不來飲？爾時，餓鬼其形長大數十由旬，舉足下足如五百乘車聲，來至行者前，唱言飢飢。爾時，行者即以慈心施乳令飲餓鬼，飲時至口變化為膿，雖復為膿，以行者慈心故即得飽滿。見鬼飽已復自觀身，即自見身足下火出，燒前衆生及以諸樹泓然都盡。爾時若見衆多異類，復還繫念諦觀己身，使心不動寂寞無念，既無念想當發誓願：『願後不*生，不受後有，不樂世間！』

「作此誓已，尋見前地猶如琉璃，見琉璃下有金色水，自見己身與地正等，與水色同其水溫暖，水中生樹如七寶樹，枝葉蓊欝上有四菓，菓聲如鈴演說苦、空、無常、無我。聞此聲已，自見己身沒於水中，往趣樹所。諦自觀身頂上水出，彌漫琉璃池中，忽然之頃復有火起，火中生風猶如琉璃。復見頂上，從頂堅強，至乎脚足，猶如金剛。復有火起，燒金剛盡，溫水枯涸。尋更觀身：『我前見身內池中，忽然有樹枝葉具足，樹端有菓其聲如鈴，演說苦、空、無常、無我清淨之法，如此妙菓有好音聲，香味具足，我今宜食。』作此想已，即仰攀樹取菓食之。纔得一菓，其味甘美無物可譬。既食菓已見樹乾枯，其餘三菓尚有光明。食菓之後，身心恬澹無憂喜想，自觀心識是敗壞法，從諸苦有，諸苦根本識為因緣。今觀此識，如水上泡無有暫停，四大無主身無有我，識無依止。如是諸法，復七七四十九遍，諦觀心識是敗壞法。

「爾時，自見己身白如珂雪，節節相柱。復當更教自以右手摩觸此身，見身如塵，骨末如粉，如粉塵地。尋復更教觀身如氣，從數息有，身如氣囊無有暫停。復當更教尋自觀身如前，還為一白骨人。見骨人已，自觀己身如前還散，猶如微塵，如人以粉用塗於地。尋見地上有青色骨人，復如前觀，末此青色骨人以用塗地。復更觀身如青微塵，塵變成骨人，其骨盡黑，復當如前以末塗地。復自觀身猶如黑地，見黑地中有四黑蛇，眼赤如火，蛇來逼身吐毒欲害，不能為害即變為火自燒己身。爾時，空中有自然聲，恒說苦、空、無常、無我等法。見此事時，一一毒蛇八十八頭為火所焚。見此事時，空中自然有水灑毒蛇身，衆火盡滅，八十八頭一切都消。出定之時，覺身安樂恬怕無為。

「復當更教自觀己身無高大想，尋復見身自然高大，明顯可觀如七寶山，自見己心如摩尼珠，爾時復當如上觀空。作觀空時，自覺己身和悅柔軟，快樂無比，前蓮華上，七寶色光流入己心，在摩尼珠中，滿足十過，七支七色皆悉具足，自觀身空亦無衆想。爾時頂上有自然光，似金色雲亦如寶蓋，色復似銀從頂上入，覆摩尼珠光上，出定、入定恒見此事。見此事者，自然不殺、不盜、不邪婬、不妄語、不飲酒。」

佛告阿難：「佛滅度後，四部弟子比丘、比丘尼、優婆塞、優婆夷作此觀者，名第二十六正觀，亦名得須陀洹道。若得此觀，要當審實，使身自然離五種惡，合修多羅，不違毘尼，隨順阿毘曇，此名須陀洹果相。」

爾時，阿難聞佛所說，歡喜奉行。

佛告阿難：「若有行者得此觀者，宜當密藏勿妄宣傳，但當一心勤行精進。勤行精進已，復當更教諦觀地大，地大觀法亦如上說。觀地大已，次教觀水大。觀水大者，自觀己身身中諸水，身如琉璃剛強難壞。若見自身悉皆是水，當教易觀；若復見身盡成琉璃，亦教易觀。觀於地大，使琉璃身猶如微氣，見水從眼中現；若見此事，名細微四大觀。復當更教，從頭已上使水滿中，見水從眼中出亦不墮地，自見己眼如水上沫，亦滿水中。若見此事，頭水不溫、不冷，調和得所。水若溫者，是假偽觀，水色澄清，不溫不涼。次當更教，觀腰已上水不溫不冷。復觀咽喉如琉璃筒，水入胸中，次下至腹乃至髀膝，莫令入臂，使水澄清如頗梨精色；若覺水溫，乃是真觀。此想成已，復教通徹四支諸節水皆滿中，如琉璃器持用盛水，漸漸廣大見滿一床，外人亦見。若見此水清冷，乃是真水；若見餘相，不名真實。入水光三昧，漸漸廣大滿一室內，水皆澄清，如琉璃氣漸漸廣大，遍滿三千大千世界。見此事時，當於靜處一心安坐，勅諸同學皆使清淨，不令憒鬧。

「爾時，復當見水上紫焰起，當自憶想此水從何處起？云何當盡？若言我是水者，我身無我。前已觀無我，今從無法中，水從何起？作是念時，水性如氣，漸漸從頂上沒，水稍稍盡唯身皮在。自見己身極為微薄，無物可譬，如微塵草束。復見身內忽然有火燒身都盡，觀身無所，永無有我，我及眾生一切都無。爾時，行者心意恬怕，極為微細無物可譬。此想成時，名第二十七真無我觀，亦名滅水大想，亦名向斯陀含。其餘微細賢聖法界，微妙難勝不可具說。行者坐時修諸三昧，得無我三昧時，當自然見佛。」

佛告阿難：「汝今好受持是真實水大微妙境界，廣為未來一切眾生，敷演廣說！」

爾時，阿難聞佛所說，歡喜奉行。

佛告阿難：「得此觀已，復當更教水大觀法。此水大觀極為微細，使此水大與火大合。見身如氣如琉璃影，觀臍四邊火焰俱起，見於火焰猶如日映，若見臍上有火光起，或有從鼻中出，或有從口中出，耳、眼隨意出入；若見此事，見一切火從毛孔出。火出之後，有淥色水尋從火後，自見身中水上火下、火上水下，觀身無身。此想成時，見身水、火不溫不冷，身心寂爾安住無礙，此名斯陀含果，亦名境界實現。見此事時，出定、入定恒不見身；入定之時，外人亦見水火從毛孔出，從毛孔入。貪婬多者見火從頂上入，從身根出，然後遍滿身體，水亦復然。

「復當自觀頭上火，如閻浮檀那金光雲蓋，或見身下如七寶華，心中恬靜安隱快樂，世間樂事無以為譬。出定之時身亦安樂，令外眾生見已禪定三昧安隱金光金色，帝釋諸天恭敬禮拜竝言：『大德！汝今苦盡，必定當成斯陀含果。』聞已歡喜修身禪定，心無繫礙安隱快樂，遊戲無我三昧中，亦漸入空三昧門，無願、無作諸三昧等悉現在前。如此微妙善勝境界，行者坐時於禪定中自然分別。若鈍根者，大師世尊現前為說，以見佛故聞法歡喜，應時即得斯陀含道。復當至心覆尋前觀，經二十五反，極令明利。」

佛告阿難：「汝好持此第二十九水大觀，慎勿忘失！得此觀者亦名斯陀含，亦名善往來。往宿世善根業因緣故，遇善知識清淨法行，汝乃當得此斯陀含道。」

爾時，阿難聞佛所說，歡喜奉行。

佛告阿難：「若有比丘、比丘尼、優婆塞、優婆夷，若得此微妙水大觀已，復當更教安隱微妙最勝奇特火大觀法。作此觀時，自見臍中微妙火光，床如蓮華；其色光明，如和合百千萬億閻浮檀那金。見此事已，復當更教觀身內火。觀內火時，自見心火常有光明，過於百千萬億明月神珠，心光清淨亦復如是。出定、入定，如人持明火珠行，慮恐他見，唯自心中明了如是，他人不見。漸漸大明，見身猶如頗梨明鏡，見心亦如明月神珠；慮他人見，他人其實不見此事。入定之時，以心明故，見三千大千世界麁相，見閻浮提須彌山及大海水，悉皆了了；復見大海水中摩尼珠王，其摩尼珠王焰出諸火。

「見此事已，爾時見佛為其廣說九次第定。九次第定者，九無閡、八解脫。如此等觀不須豫受，佛現前故，佛自為說。其利根者聞佛說法，九無礙道中，應時即得阿羅漢道，超越阿那含地，如好白氎易染為色。若鈍根者，復當更教風大觀法。風大觀法者，見一切風極為微細，細中細者，可以心眼見而不可具說。風復雜火，火復雜風，水入火中，風入水中，火入風中，風、火、水等各隨毛孔如意自在。或復有風，十色具足如十寶光，從身毛孔出，從頂上入，從臍中出，從足下入，一切身分中出，從眉間入，從眉間出，從一切身分入。如此種種無量境界，賢聖光明、賢聖種子、諸賢聖法，皆從此風大中起，從此風大中入。此風大觀，具足相貌微妙境界，唯阿羅漢能廣分別，不可具說，行者坐時當自然見。若見此事，練諸煩惱成阿那含。此風大觀，名第三十阿那含相應境界相。」

佛告阿難：「汝好受持是阿那含相應最勝境界風大觀法，慎勿忘失！」

爾時，阿難聞佛所說，歡喜奉行。

如是我聞：一時，佛在舍衛國祇樹給孤獨園，與千二百五十比丘俱。爾時尊者摩訶迦葉有一弟子，是王舍大城苦得尼揵子兒，名阿祇達多，求尊者摩訶迦葉，出家學道修行苦行，具十二頭陀，經歷五年得阿那含果，不能增進成阿羅漢。

即從坐起至迦葉所，整衣服叉手合掌，頂禮摩訶迦葉，白言：「和上！我隨和上勤修精進，如救頭然，已經五年，今得住於阿那含果，身心疲懈，不能增進無上解脫，唯願和上為我速說。」

爾時，摩訶迦葉即入三昧觀比丘心，知此比丘不盡諸漏，從此命終生阿那含天。從三昧起，告言：「法子！我今身心一切自在，入自在三昧，觀汝宿世所有業報，於此身上無緣得成羅漢道。」

阿祇達多聞此語已，悲泣雨淚，白言：「和上！如我今者不樂生天，如困病人求無常力，我畏生死亦復如是。」

爾時，迦葉告言：「法子！善哉！善哉！善男子！夫生死惡，猶如猛火燒滅一切，甚可厭患。我觀汝根，不得明審。又復世尊與諸比丘在祇陀林，我今與汝俱往佛所。」

時彼比丘著衣持鉢，隨迦葉後詣祇陀林。到於佛所，見佛世尊身如金山，處大衆中威德自在，三十二相、八十種好皆悉備足。為佛作禮，繞佛七匝，却住一面，胡跪合掌，白言：「世尊！我此弟子阿祇達多，隨從我後修十二頭陀，住深禪定至阿那含，不能增進竭煩惱海，唯願天尊為說甚深灌頂甘露淨解脫行！」

爾時，世尊告阿祇達言：「善哉！善哉！阿祇達！快問是事，吾當為汝分別解說。諦聽！善思！乃往過去無央數世，彼世有佛，名大光明如來、應供、正遍知、明行足、善逝、世間解、無上士、調御丈夫、天人師、佛世尊。彼佛出世，三種示現教化眾生，度人周訖。於像法中，有一大國名波羅奈，王名梵摩達多。王有太子，名忍辱鎧，堅發甚深阿耨多羅三藐三菩提心，求一切種智，自誓不殺，修十善業，於六波羅蜜無疲厭心。時彼國中有一長者，名日月音，自在無量，唯有一子，忽遇熱病風大入心，狂亂無智手執利劍，走入巷陌殺害眾生。時彼長者愛念子故，手擎香爐至四城門外，燒香散華發大誓願，而作是言：『世間若有神仙、聖人、醫師、呪師，能救我子狂亂病者，一切所有悉用奉施。』

「爾時，太子出城遊戲，見大長者修於慈心，為子求願，心生歡喜而作是言：『此大長者勤修慈心普為一切，而長者子遇大重病，願諸神仙必興慈悲，來至此處救長者子！』語頃，即有一大仙人，從於雪山騰虛而至，名曰光味，至長者所，告長者言：『汝子所患從熱病起，因熱病故生大瞋恚，心脈悉開風大入心，是故發狂。如此病者，如仙經說，風大動者，當須無瞋善男子心血以用塗身，須善人髓服如大豆，可得除愈。』爾時，長者聞仙人說，即於路中頂禮太子，白言：『地天大仙人說我子所患，當用慈心無瞋人血及以骨髓，乃可得差。我今正欲自刺我身出血食子，破骨出髓持與令服，唯願太子聽許此事。』

「爾時，太子告言：『長者！我聞佛說，若有衆生苦惱父母，墮大地獄無有出期，云何長者自破身體，欲令子差？且忍須臾，當為長者作大方便。』爾時，長者聞太子勅，心大歡喜禮太子足，還至家中，象負其子送與太子，太子見已醍醐灌之。

「爾時，仙人告太子言：『設以此藥灌此男子，經九十日終不可差，要得慈心無瞋人血。』爾時，太子內自思惟：『除我身外，其餘衆生皆當起瞋。我今為此救諸病苦，濟生死命誓求佛道，於未來世若得成佛，亦當施此法身常命。』作此誓已，即刺身以血塗彼大長者子，破骨出髓與之令服，長者子服已，病得除愈。是時太子以破骨故，迷悶躄地。爾時天地六種震動，釋、梵、護世、無數天子，僉然俱下到太子所，告太子言：『汝今以身濟病衆生，欲求何等？為求帝釋、魔王、梵天、轉輪聖王？三界之中，欲求何等？』

「爾時太子白帝釋言：『我今所求，亦不欲三界之中尊榮豪貴；我所求者，乃願欲成阿耨多羅三藐三菩提。』爾時帝釋聞此語已，告太子言：『汝今刺身破骨出髓，身體戰掉，有慨恨不？』爾時太子即立誓願：『我從始刺身體乃至於今，若無慨恨大如毛髮，令我身體平復如故。』作此誓已，身體平復如前無異。爾時帝釋見此事已，白太子言：『太子威德奇特無比，有強大志，必得成佛。太子成佛時，願先度我！』作此誓時，太子默然，而說偈言：

願我成佛時，　普度諸天人，　身心無罣礙，　普慈愛一切，
亦度於汝等，　令諸衆生類，　皆住大涅槃，　永受於快樂。

「爾時，太子說此偈已，諸天雨華持以供養，復雨無量百千珍寶積滿宮牆。

太子得已持用布施，布施不止，修諸波羅蜜皆悉滿足，得成為佛。」

佛告迦葉：「爾時波羅奈國王者，今我父王閱頭檀是。爾時月音長者，今汝摩訶迦葉是。爾時長者子，今阿祇達比丘是。爾時忍辱鎧太子者，今我釋迦牟尼佛是。爾時帝釋者，今舍利弗是。」

佛告迦葉：「此阿祇*達比丘，乃往過去風大動故，發狂無知，是故今者入四大定，於風定中心疑不行。設使此人，入風大定觀四大者，頭破七分心裂而死，當教此人修於慈心。」

爾時，世尊告阿祇達：「汝今當觀一切衆生悉為五苦之所逼切，汝今應當生大慈心，欲免衆苦，觀色、受、想、行、識，悉皆無常、苦、空、無我。」

阿祇達聞佛說此，豁然意解，應時即得阿羅漢道，三明六通具八解脫，即於佛前踊身空中作十八變，作十八變已從空中下，頂禮佛足，白言：「世尊！如來今者為我宣說往昔因緣，及說慈心，廣演四諦。我因佛力，尋時即破三界結業，成阿羅漢。唯願天尊為未來世濁惡衆生，惡業罪故生五濁世，如此衆生，若修頭陀行諸禪定得阿那含，如我心疑停住不行，當修何法得離苦際？」
　佛告阿祇達：「諦聽！諦聽！當善思之！如來今者因汝阿祇達，普為未來世一切衆生，廣說從阿那含至阿羅漢，於其中間所有微細一切境界，當自分別。若風病多者，入風大定時，因風大故喜發狂病，當教觀佛。教觀佛者，教觀如來十力、四無所畏、十八不共法、大慈大悲、三念處法。觀此法時，自然得見無量色身微細妙相好，或有諸佛飛騰空中作十八變，或有諸佛一一相好普現無量百千變化。見此事時，當起恭敬供養之心，作香華想普散諸佛，然後復當自思惟言：『我今身中，五陰、四大皆悉無常，生滅不住；結使枝條，及使根本皆悉無常。我所念者，念佛十力、四無所畏、十八不共、大慈大悲，如是功德莊嚴色身，猶如寶瓶盛如意寶珠，寶珠力故映飾此瓶，珠無我所瓶亦無住，但為衆生；佛亦如是，無有色性及與色像，解脫清淨。云何我今諦觀如來十力，是處非處力乃至漏盡力、十八不共法、大慈大悲？云何更見無量色像？』作此想已，見真金像滿娑婆世界，行住坐臥四威儀中，皆說苦、空、無常、無我。雖見此事，復當起意想：

『是諸佛皆是戒、定、慧、解脫、解脫知見、十力、四無所畏、十八不共法、大慈大悲、三念處，如此功德所共合成，云何有色？』作此想時，一一諦觀，令一切佛身心無礙，亦無色想。自見己身如空中雲，觀五受陰無諸性相，豁然歡喜。復還見身如蓮華聚，周匝遍滿三千大千世界；見諸坐佛坐己華上，為說甚深空、無我、無願、無作，聖賢十四境界門。」

佛告阿祇達：「若有行者見此事已，當教慈心；教慈心者，敬觀地獄。爾時，行者即見十八地獄：火車、爐炭、刀山、劍樹，受苦眾生皆是己前身父母、宗親眷屬，或是師徒、諸善知識。見一一人阿鼻地獄猛火燒身，或復有人節節火然，或上劍樹，或踏刀山，或投鑊湯，或入灰河，或飲沸屎，或噉熱鐵丸，或飲融銅，或臥鐵床，或抱銅柱，或入劍林碎身無數，或挑眼無數，持熱銅丸安眼眶中。或見餓鬼身形長大數十由旬，噉火噉炭，或飲膿血變成融銅，舉體火起足跟銅流。或見闇冥鐵圍山間，滿中眾生狀如羅剎，更相食噉，見諸夜叉裸形黑瘦，雙牙上出頭上火然，首如牛頭角端雨血。復見世間虎狼、師子、諸惡禽獸更相噉食，復見一切諸畜生苦。或見阿修羅割截耳鼻，受諸苦事。復見三界一切衆生，為欲所使悉受苦惱。觀無想天猶如電幻，不久當墮大地獄中。舉要言之，三界二十五有一切衆生，皆有三塗苦惱之業。

「爾時，行者觀見三界受苦衆生，其心明了如觀掌中，深起慈悲生憐愍心，見諸衆生宿行惡業故受惡報。見此事已，悲泣雨淚欲生救護，盡其心力不能救濟。爾時心中極生憐愍，厭患生死不願久處，心生驚怖如人捉刀欲來害己。見此事已，更起慈悲欲拔苦者，無奈之何。爾時行者內自思惟：『是諸衆生，因於無明；無明緣行，行緣識，識緣名色，名色緣六入，六入緣觸，觸緣受，受緣愛，愛緣取，取緣有，有緣生，生緣老死憂悲苦惱。』

「爾時，行者內自思惟：『此無明者從何處來，孚乳產生，遍滿三界？觀此無明，假於地大而得成長，依於風大而得動搖，因於地大體堅不壞，火大照育，水成衆性，如是動作，風性不住，水性隨流，火性炎盛，地性堅鞕。此四大性，二上二下，諸方亦二。東方者成色陰性，南方者成受陰性，西方者成想陰性，北方者成行陰性，上方者成識陰性。此五受陰，依無明有從觸受生。樂觸因緣生於諸受，受因緣生愛、取、有，有因緣故生於三界，九十八使及諸結業纏縛眾生，無有出期。如是諸業，從無明有依癡愛生。此無明者，本相所出從何而生，遍布三界，於諸眾生為大纏縛？我今應觀無明識相從何處起？此無明者，為是地大？為離地大？為與地合？為從地生？為從地滅？地性本空，推地無主，云何無明起癡愛想緣行而有？而此諸行及愛、取、有，為從風起？為從水生？為火所照？如此四大一一諦觀，此諸大者實無性相，同如實際，云何牽諸眾生纏在三界，為大煩惱之所燒然？』作此思惟已，怖畏生死患生天樂，觀諸天宮如夢如幻、如露如電、如呼聲響，普見一切三界眾生，猶如環旋受苦無窮。見此事已，愁憂不樂世間，如駛水流求涅槃道，剎那剎那頃欲求解脫。

「爾時，復當更教數息，一數二隨、二數三隨、三數四隨、四數五隨、五數六隨、六數七隨、七數八隨、八數九隨、九數十隨、十數百隨、百數千隨，隨息多少，攝氣令住。

「爾時，自見己身如百千萬億蓮華，一切萎脆，四面風來吹去萎華，變成琉璃如琉璃器。自見其心如大華樹，從下方金剛際乃至三界頂，上有四葉其葉微妙，如如意珠有六種光，遍照三千大千世界。行者見此事時，見金剛地際乃至上方三界之頂，滿中諸佛，與大弟子眷屬圍繞，或有諸佛飛騰虛空，身上出水、身下出火、身下出水、身上出火，東踊西沒、西踊東沒、南踊北沒、北踊南沒、中踊邊沒、邊踊中沒，或現大身滿虛空中，大復現小如芥子許，變現自在隨意無礙。或見諸聲聞入四大定，身如火聚，諸火焰端猶如金筒，盛衆色水；復見己身，如彼入定。爾時，當教行者而作是言：『汝所見者，雖是多佛及諸聲聞，汝今應觀此諸世尊是無相身、是大解脫、是無學果，應當善攝汝心，如前數息。此數息法有十六科，不可具說。』

「爾時，行者既數息已，心意恬怕寂然無見。復當更教觀心蓮華猶如華樹，樹上有葉如摩尼珠，現六種光其光明顯，從三界頂照於下方金剛地際；見心華樹荄垂欲絕，然深無量。爾時當觀諸佛法身，諸佛法身者因色身有。色身者譬如金瓶，法身者如摩尼珠。應當諦觀色身之內，十力、四無所畏、十八不共法、大慈大悲、無礙解脫、神智無量絕妙境界，非眼所見，非心所念，一切諸法無來無去，不住不壞，同如實際。凡夫愚癡，為老死大賊之所追逐，妄見顛倒，以顛倒故墮落三塗愛欲河中，為駛水所漂，沒溺三界，我今云何同凡夫行，妄想見佛？我大和上釋迦牟尼佛，往昔之時，頭目、髓腦、國城、妻子持用布施，百千苦行求解脫法，今者已得超越生死，住大涅槃，寂滅究竟更不復生，如過去佛法住常樂處，亦無去來現在諸智，身心不動恬怕無為。如此智慧所成就身當有何想？云何變動？我今見者從妄想現，屬諸因緣，故是顛倒色相之法。作是思惟時，一切諸佛及諸賢聖，寂然隱身更不復現；唯一佛在，有四大弟子以為侍者。」

爾時，釋迦牟尼世尊為於行者，更說四大清淨觀法，告言：「法子！過去三世諸賢聖等，觀此行時，自然皆觀風大觀法。觀風大者，先觀身內，從心華樹生一微風。如是微風漸漸增長，遍滿身體。滿身體已，從毛孔出，滿一房內；滿一房已，見此微風滿一庭內；滿一庭已，復見漸漸滿一頃地；滿一頃已，復更增廣滿一由旬；滿一由旬已，滿二由旬；滿二由旬已，滿三由旬；滿三由旬已，滿四由旬；滿四由旬已，滿五由旬；滿五由旬已，如此漸漸廣大，滿十由旬。微風纔動漸漸廣大，遍滿三千大千世界，上至於頂下至金剛際，遍此諸處已還從頂入，令其心樹一切華葉漸漸萎落，自見己身如頗梨鏡表裏映徹。

「爾時，復當教觀水大。觀水大者，先觀身內，心華樹端出一微水，如琉璃氣漸漸增廣，似白色雲遍滿身內。滿身內已從六根出，頂上涌出繞身七匝，如白雲行滴滴雨水，其水柔軟盈滿一床。滿一床已，漸漸廣大，滿一房內；滿一房已，滿一庭中；滿一庭已，滿一城中；滿一城已，滿十頃地；滿十頃已，滿百頃地；滿百頃已，滿一由旬。水色正白，如白琉璃光，其氣微細，過於凡夫眼根境界。漸漸廣大，滿二由旬；滿二由旬已，滿三由旬；滿三由旬已，滿四由旬已，滿五由旬；滿五由旬已，漸漸廣大，滿十由旬；滿十由旬已，漸漸廣大，滿百由旬；滿百由旬已，漸漸廣大，滿一閻浮提。滿一閻浮提已，漸漸廣大，遍滿三千大千世界，上至三界頂下至金剛際，如是水相其氣如雲還從頂入。

「見此事已，復更教觀火大。觀火大者，自觀身內，心華樹端諸華葉間，有微細火猶如金光，從心端出遍滿身內。從毛孔出，漸漸廣大，遍滿一床；滿一床已，滿一房內；滿一房已，漸漸廣大，滿一庭中；滿一庭已，滿一城中；滿一城已，滿十頃地；滿十頃地已，滿百頃地；滿百頃地已，滿一由旬。火色變白如真珠光，更復鮮白，頗梨雪山不得為比，紅光照錯以成文章。漸漸廣大，滿二由旬；滿二由旬已，滿三由旬；滿三由旬已，滿四由旬；滿四由旬已，滿五由旬；滿五由旬已，漸漸廣大，滿百由旬；滿百由旬已，漸漸廣大，滿閻浮提。滿閻浮提已，漸漸廣大，遍滿三千大千世界，上至三界頂，下至金剛際，還從頂入。

「見此事已，復當更教觀於地大。觀地大者，自見身內，心樹諸華漸漸廣大，如金剛雲遍滿身內。滿身內已，復滿一床；滿一床已，遍滿一房；滿一房已，遍滿一庭；滿一庭已，遍滿一城；滿一城已，漸漸廣大，遍滿十頃；滿十頃已，遍滿百頃；滿百頃已，滿一由旬；滿一由旬已，其色變青，漸漸廣大，遍滿二由旬；滿二由旬已，滿三由旬；滿三由旬已，滿四由旬；滿四由旬已，滿五由旬；

滿五由旬已，漸漸廣大，滿百由旬；滿百由旬已，漸漸廣大，滿閻浮提。滿閻浮提已，漸漸廣大，遍滿三千大千世界，上至三界頂，下至金剛際，還從頂入。

「見此事已，復當更教還觀地大。觀此地大，如金剛雲難可摧碎，當云何滅？作此觀時，見佛世尊釋迦牟尼坐金剛座，與尊弟子眷屬五百坐行者前，異口同音讚歎滅諦。聞此語已，當觀地大從因緣起，無明所持。無明無性癡愛無主，虛偽因緣，假名無明、愛、取、有等，皆屬此相。作此思惟時，見自心內，眾華樹端漸漸火起，燒金剛雲；一一雲於諸葉間，與火合體，遍滿身內。滿身內已，地火俱動，遍滿一床；滿一床已，遍滿一房；滿一房已，遍滿一庭；滿一庭已，遍滿一城；滿一城已，漸漸廣大，遍滿十頃；滿十頃已，遍滿百頃；滿百頃已，滿一由旬；滿一由旬已，滿二由旬；滿二由旬已，滿三由旬；滿三由旬已，滿四由旬；滿四由旬已，滿五由旬；滿五由旬已，漸漸廣大，滿百由旬；滿百由旬已，漸漸廣大，遍滿閻浮提。地火二大其性各異，更相鼓動，遍滿三千大千世界，上至三界頂，下至金剛際，還從頂入。

「見此事已，復當更教觀於風大。觀風大者，自觀身內，心華樹間出紫色風，水大隨入，滅此風色同為水色，風動水涌遍滿身內，漸漸廣大，遍滿一床。滿一床已，滿一房內；滿一房已，遍滿一庭；滿一庭已，遍滿一城；滿一城已，漸漸廣大，遍滿一由旬。滿一由旬已，風水二性其性各異，風吹此水如琉璃沫，其色焰熾更相鼓動，遍滿二由旬。滿二由旬已，滿三由旬；滿三由旬已，滿四由旬；滿四由旬已，滿五由旬；滿五由旬已，漸漸廣大，滿百由旬；滿百由旬已，漸漸廣大，遍滿閻浮提。滿閻浮提已，漸漸廣大，遍滿三千大千世界，上至三界頂，下至金剛際。

「見此事已，自身已見，身諸毛孔一切火起，此火光炎遍滿三界，出三界外如真金華，華上有菓菓葉相次，彼菓光中演說四諦及十二因緣度生死法。復見身內一切水起，其水溫潤從毛孔出，流布三界無不遍滿，水色出光照三界頂，入火光菓中。復見身內一切風起，遍滿身內從毛孔出，漸漸廣大駛速飄疾，遍滿三界化為金雲，入火光菓中。復有地氣極為微薄，彌滿四大。

「見此事已，復當更教諦觀五陰。觀於色陰，此色陰者依地大有，地大不定從無明生，無明因緣妄見名色。觀此色相虛偽不真，亦無生處，假因緣現。因緣性空，色陰亦然；受、想、行、識性相皆空，中無堅實。觀此五陰實無因緣，亦無受有，如此四大云何增長遍滿三界？作此思惟時，見一切火從一切毛孔出，遍滿三界，還從一切毛孔入。復見一切地大猶如金剛雲，從一切毛孔出，遍滿三界，還從一切毛孔入。復見水大猶如微塵，從一切毛孔出，遍滿三界，還從一切毛孔入。復見風大，其勢羸劣，從一切毛孔出，遍滿三界，還從一切毛孔入。如是四大，從毛孔出從毛孔入，往復反覆經八百遍。

「見此事已，如前數息已，閉氣而住經一七日。爾時自然見此大地漸漸空，見一床下漸漸空，見一房漸漸空；見一房已，見一庭地漸漸空；見一庭已，見一城地漸漸空；見一城已，見十頃地漸漸空；見十頃已，見百頃地漸漸空；見百頃已，見一由旬地漸漸空；見一由旬已，見二由旬地漸漸空；見二由旬已，見三由旬地漸漸空；見三由旬已，見四由旬地漸漸空；見四由旬已，見五由旬地漸漸空；見五由旬已，乃至見十由旬地漸漸空；見十由旬已，乃至見百由旬地漸漸空；見百由旬已，乃至見閻浮提八千由旬地漸漸空；見閻浮提已，見弗婆提地十千由旬漸漸空；見弗婆提已，見瞿耶尼地三萬由旬漸漸空；見瞿耶尼已，見欝單越地四萬由旬漸漸空；見欝單越已，見須彌山、四大海水、山河、石壁，四天下中一切所有見堅鞕物，一切悉皆漸漸空；見四天下已，心遂廣大，遍滿三千大千世界，諸堅鞕物、大地、山河、石壁一切悉空，心無所寄。

「爾時，自然見金剛際有十四金剛輪，從金剛輪下自然上踊，更相振觸至行者前。爾時，心樹諸妙花端自然火起，燒諸華葉樹上四果，墮行者頂，從頂而入住於心中。爾時此心豁然明了，見障外事。復有六象其正色黑，踏大地壞吸飲諸水。風吹象殺，象耳出火燒象都盡，四大毒蛇走上樹端，見有一人似大力士，拔此大樹，下至金剛際，上至三界頂，令樹動搖。行者心中四明珠果，復出大火燒樹荄絕，是時大樹散如微塵。行者見已，我今觀於水、火、風等，及與水大，一切無常須臾變滅；當自觀我身內四大，火起無窮，地、水、風等亦復如是。此無明相空無所有，假偽顛倒猶如霜炎，屬於三界緣於癡愛，三十三億念生法，九百九十轉，次第念麁相，結使九十有八，枝條種子彌覆三界，為是衆結受生無數。或墮地獄，猛火焚身；或為餓鬼，呑飲融銅，噉熱鐵丸，百千世中不聞水穀；或為畜生，駝、驢、豬、狗數不可知；人中受苦，衆難非一。如是衆多從癡愛得，今觀癡愛性無所有。

「作是思惟時，釋迦牟尼佛放金色光，與諸聲聞眷屬圍繞，告行者言：『汝今知不？色相虛寂，受、想、行、識，亦復如是。汝今應當諦觀空、無相、無作、無願三昧。空三昧者，觀色、色性及一切諸法，空無所有，如是衆空名空三昧。無願三昧者，觀涅槃性寂滅無相，觀生死相悉同如實際；作此觀時，不願生死不樂涅槃，觀生死本際空寂，觀涅槃性相皆同入空，無有和合，是名無願三昧。無作三昧者，不見心、不見身及諸威儀有所修作，不見涅槃有起性相，但見滅諦通達空無所有。』

「爾時，行者聞佛世尊說是空、無相、無願三昧，身心靜寂遊三空門，猶如壯士屈申臂頃，應聲即得超越九十億生死洞然之結，成阿羅漢不受後有，梵行已立知如道真，豁然意解無復餘習，漏盡慧通自然而得，其餘五通要假修得，六通義廣說如阿毘曇。」

爾時，世尊為阿祇達說是賢聖空相應心境界，分別十一切入相已，默然安隱，入無諍三昧，放衆色光普照世尊。是時，會中二百五十比丘心意開解，成阿羅漢；五十優婆塞破二十億洞然結，成須陀洹；天人大衆聞佛所說，皆大歡喜。

爾時，長老阿難即從坐起，白佛言：「世尊！如來初為迦絺羅難陀說不淨門，為禪難提比丘說數息法，為阿祇達說四大觀，如是衆多微妙法門云何受持？當以何名宣示後世？」

佛告阿難：「此經名禪法祕要，亦名白骨觀門，亦名次第九想，亦名雜想觀法，亦名阿那般那方便，亦名次第四果想，亦名分別境界，如是受持慎勿忘失。」

佛告阿難：「我滅度後，若有比丘、比丘尼、式叉摩尼、沙彌、沙彌尼、優婆塞、優婆夷，若有欲學三世佛法，斷生死種、度煩惱河、竭生死海、*滅愛種子、斷諸使流、厭五欲樂、樂涅槃者，學是觀，此觀功德如須彌山，流出衆光照四天下，行此觀者具沙門果亦復如是。」

佛告阿難：「佛滅度後，若有比丘、比丘尼、優婆塞、優婆夷欲學此法者，當離四種惡。何等為四？一者、淨持禁戒，威儀不犯；於五衆戒若有所犯，應當至心懺悔清淨；戒清淨已，名莊嚴梵行。二者、遠離憒鬧獨處閑靜，繫念一處樂少語法，修行甚深十二頭陀，心無疲厭如救頭然。三者、掃偷婆塗地，施楊枝淨籌，及諸苦役，以除障罪。四者、晝夜六時常坐不臥，不樂睡眠，身倚側者，樂常塚間、樹下、阿練若處，食若鹿食，死若鹿死。若有四衆行此四法者，當知此人是苦行人；如此苦行，不久必得四沙門果。」

佛告阿難：「若有四衆修繫念法，乃至觀見脚指端、手指端，一節少分白骨相，極令明了，若見一指，若見一爪，一切諸白骨，當知此人以心利故，命終之後，必定得生兜率陀天，滅三惡道一切苦患，雖未解脫不墮惡道，當知此人功德不滅，已得免離三塗苦難，何況具足諸白骨人！見此骨人者，雖未解脫無漏功德，當知此人已免一切三塗八難苦厄之患，當知此人世世所生不離見佛，於未來世值遇彌勒龍華初會，必先聞法得證解脫。」

佛告阿難：「若有比丘、比丘尼、優婆塞、優婆夷於佛法中，為利養故貪求無厭，為好名聞而假偽作惡，實不坐禪，身口放逸行放逸行，貪利養故自言坐禪，如此比丘犯偷蘭遮，過時不說不自改悔，經須臾間即犯十三僧殘。若經一日，至於二日，當知此比丘是天人中賊、羅剎、魁膾，必墮惡道犯大重罪。若比丘尼妖治邪媚，欲求利養，如貓伺鼠貪求無厭，實不坐禪自言坐禪，身口放逸行，貪利養故自言坐禪，如此比丘尼犯偷蘭遮，過時不說不自改悔，經須臾間即犯十三僧殘。若經一日至於二日，當知此比丘尼是天人中賊、羅剎、魁膾，必墮惡道犯大重罪。

「若比丘、比丘尼實不見白骨，自言見白骨乃至阿那般那，是比丘、比丘尼誑惑諸天、龍、鬼神等，欺世間人。此惡人輩是波旬種，為妄語故，自說言我得不淨觀乃至頂法。此妄語人命終之後，疾於雹雨，必定當墮阿鼻地獄，壽命一劫。從地獄出墮餓鬼中，八千歲中噉熱鐵丸。從餓鬼出墮畜生中，生恒負重，死復剝皮。經五百身還生人中，聾盲、瘖瘂、癃殘、百病以為衣服，如是經苦不可具說。

「若優婆塞實不坐禪自言坐禪，實不梵行自言梵行，是優婆塞得失意罪，不淨有作不起墮落臭旃陀羅，與惡為伴，是朽敗種不生善芽，貪利養故多求無厭。經於一日乃至五日，犯大妄語，此大惡人波旬所使，是旃陀羅、屠兒羅剎同類，必定當墮三惡道中。此優婆塞欲命終時，十八地獄火車鑪炭、變化惡事一時迎之，必定當墮三惡趣中，無有疑也。若優婆塞實不得不淨觀乃至暖法，於大眾中起增上慢，唱如是言：『我得不淨觀乃至暖法。』當知此優婆塞是天人中賊，欺誑世間天龍八部。此優婆塞命終之後，疾於雹雨，必定當墮阿鼻地獄滿一大劫。地獄壽盡生餓鬼中，經八千歲噉熱鐵丸。從餓鬼出墮畜生中，生恒負重死復剝皮。經五百身還生人中，聾盲、瘖瘂、癃殘、百病以為衣服，如是經苦不可具說。

「若優婆夷顯異惑眾，實非坐禪謂言坐禪，此優婆夷得失意罪，垢結不淨不起墮落不淨有作臭旃陀羅，此優婆夷與惡為伴是魔眷屬，必定當墮三惡趣中。是優婆夷過時不說，不自改悔，經須臾間，一日乃至五日，是優婆夷貪求無厭，實非梵行自言梵行，實非坐禪自言坐禪，此大惡人必定當墮三惡趣中，隨業受生。若優婆夷實不得不淨觀乃至暖法，於大衆中唱如是言，起增上慢自言：『我得不淨觀乃至暖法。』此優婆夷是天人中賊，命終之後，疾於雹雨，必定當墮阿鼻地獄，滿一大劫。地獄壽盡生餓鬼中，經八千歲噉熱鐵丸。從餓鬼出墮畜生中，生恒負重死復剝皮。經五百身還生人中，聾盲、瘖瘂、癃殘、百病以為衣服，如是經苦不可具說。

佛告阿難：「若比丘、比丘尼、優婆塞、優婆夷繫念住意，心不散亂端坐正受，住意一處閉塞諸根，此人安心念定力故，雖無境界，捨身他世生兜率天，值遇彌勒與彌勒俱，下生閻浮提，龍華初會最先聞法，悟解脫道。

「復次，阿難！佛滅度後濁惡世中，若有比丘、比丘尼、優婆塞、優婆夷實修梵行，行十二頭陀莊嚴身，心行念定修白骨觀，觀於不淨入深境界，心眼明利通達禪法，如此四衆為增長佛法故，為法不滅故，當密身、口、意。猶如有人遇身心病，良醫處方當服醍醐，爾時病者則詣國王求乞醍醐，王慈愍故即以醍醐持用賜之，因勅病人服醍醐法，當於密屋無風塵處而取飲之，飲已閉口調四大氣，勿令失度。若比丘、比丘尼服此甘露灌頂藥者，唯除知法教授之師，不得妄向他人宣說，若向他說即失境界，亦犯十三僧殘之罪。若諸白衣欲行禪定、得五神通，尚不應向他人宣說，言我得神通仙呪術，一切宜祕，何況出家受具足戒？若得不淨觀乃至暖法，不得妄向他人宣說，若向他說即滅境界，使多衆生於佛法中生疑惑心。是故我今於此衆中，制諸比丘、比丘尼，若得不淨觀乃至暖法，當密修行令心明利，唯向智者教授師說，不得廣傳向他人說。若向他說，為利養心，應時即犯十三僧殘，過時不懺，心無慚愧，亦犯重罪，如上所說。

「復次，阿難！佛滅度後現前無佛，四部弟子求解脫者，得不淨觀當密藏祕，勿令他知。譬如有人貧窮孤獨，生濁惡世屬無道王，彼貧窮人掘地求水，宿世因緣忽遇伏藏，大獲珍寶。怖畏惡王密藏此寶，不令他知，但於屏處取此珍寶，以供妻子，密受快樂。佛滅度後，四部弟子得禪樂者，亦復如是，當密藏之不得廣說，若廣說者犯大重罪。

「復次，阿難！譬如長者，獨有一子，遇大重病鬚眉落盡，爾時長者內自思惟：『我今衰禍，唯此一子，遇此重病，當何處求覓良醫？』作此語已，大出財寶募訪良醫。長者宿福，忽遇一醫多知經方，長者白言：『唯願大師起大慈悲！我有一子遇患多時，唯願大師救療此患。設得愈病，今我家中大有財寶，猶如北方毘沙門天王，若子得差，唯除我身一切奉上，不敢違逆。』時彼良醫告長者言：『汝今能造七重閣室，極令深密，然後可令汝子服藥。服此藥已不得見人，不向他說，*經四百日兒乃可差。』」

佛告阿難：「佛滅度後，佛四部眾弟子，若修禪定求解脫者，如重病人隨良醫教，當於靜處，若塚間、若林樹下、若阿練若處，修行甚深諸賢聖道，當密身、口，於內心中修四梵行、修四念處、修四正勤、修四如意足、修五根、修五力、修七覺道、修八聖道分、修四禪、修四無量心，遊入甚深無量空三昧門，乃至得六神道。如是種種勝妙功德，但當一心密而行之，慎勿虛妄，於多衆前自說得過人法。若說得過人法，如上所說，必定當墮阿鼻地獄。」

為告阿難：「我般涅槃後，初一百歲，此不淨觀行閻浮提，攝放逸者令觀四諦，一日之中，修無常觀得解脫者，如我住世等無有異。二百歲後，此閻浮提四部弟子二分之中，一分弟子修無常觀，得解脫道。三百歲時，四部弟子四分之中，一分弟子修無常觀，得解脫道。四百歲時，四部弟子五分之中，一分弟子修無常觀，得解脫道。我涅槃後五百歲時，四部弟子十分之中，一分弟子修無常觀，得解脫道。六百歲時，四部弟子百分之中，一分弟子修無常觀，得解脫道。七百歲時，四部弟子千分之中，一分弟子修無常觀，得解脫道。八百歲時，四部弟子萬分*之中，一分弟子修無常觀，得解脫道。九百歲時，四部弟子千萬分中，一分弟子修無常觀，得解脫道。千歲之時，四部弟子億分之中，十人、百人修無常觀，得解脫道。過千歲已，此無常觀雖復流行閻浮提中，億億千萬衆多弟子，若一、若兩修無常觀，得解脫道。千五百歲後，若有比丘、比丘尼、優婆塞、優婆夷讚歎宣說無常、苦、空、無我觀者，多有衆生懷嫉妬心，或以刀斫，或以瓦礫打拍彼人，罵言：『癡人！世間何處有無常觀，苦、空、無我？身肌白淨無量，云何反說身為不淨？汝大惡人宜合驅擯。』此相現時，百千人中無有一人修無常觀。此相現時，法幢崩慧日沒，一切衆生盲無眼目，釋迦牟尼佛雖有弟子，所著袈裟如木頭幡，自然變白。諸比丘尼猶如婬女衒賣色，以用自活。諸優婆塞如旃陀羅，殺生無度。諸優婆夷邪婬無道，欺誑百端。此相現時，釋迦牟尼無上正法，永沒無餘。」

佛告阿難：「汝持佛語，為未來世四部弟子，當廣宣說分別其義，慎勿妄失！復次，阿難！汝當為來世諸衆生等，當宣此言：如來大法不久心沒，汝等於佛法中應勤精進，當觀苦、空、無常、無我等法。」

佛說此語時，八千天子悟解無常，遠塵離垢，得法眼淨；五百比丘，即於座上不受諸法，漏盡意解，成阿羅漢。爾時，長者阿祇達并千二百五十比丘，諸天、龍神，聞佛說此無常觀門，心開意解，皆悉達解苦、空、無常，頂禮佛足，歡喜奉行。

禪祕要法經卷下

思惟畧要法

思惟略要法

姚秦三藏羅什法師譯

形疾有三，風、寒、熱病為患輕微，心有三病患禍深重，動有劫數受諸苦惱，唯佛良醫能為制藥，行者無量世界長嬰此疾，今始造行當令其心決定專精不惜身命，如人入賊，心不決定不能破賊，破亂想軍亦復如是。如佛言曰：「血肉雖盡但有皮筋尚在，不捨精進，如人火燒身衣，但欲救火更無餘念，出煩惱苦亦復如是，當忍事病苦、飢渴、寒熱、瞋恨等，當避憒鬧樂住閑寂。所以者何？眾音亂定如入棘林。」

凡求初禪，先習諸觀，或行四無量、或觀不淨、或觀因緣、或念佛三昧、或安那般那，然後得入初禪則易。若利根之人直求禪者，觀於五欲種種過患，猶如火坑亦如廁舍，念初禪地如清涼地、如高臺觀，五蓋則除便得初禪。如波利仙人初學禪時，道見死女膖脹爛臭，諦心取相，自觀其身如彼不異，靜處專思便得初禪。佛在恒水邊坐禪，有一寡聞比丘問佛：「云何得道？」佛言：「他物莫取。」便解法空即得道迹。有多聞比丘自怪無所得，而問於佛，佛言：「取恒水中小石，以君遲水淨洗。」比丘如教，佛問：「恒水多，君遲水多？」答：「不可為喻也。」佛言：「不以指洗，雖多無用也。」行者當勤精進，用智定指洗除心垢，若不如是不能離法也。

四無量觀法

求佛道者，當先行四無量心，其心無量功德亦無量。於一切衆生中，凡有三分：一者、父母親里善知識等，二者、怨賊嫌人常欲惱害者，三者、中人不親不怨。行者於此三品人中慈心視之，當知親里老者如父母、中年如兄弟、少年如兒子，常應修集如是慈心。人之為怨以有惡緣，惡因緣盡還復成親，怨親無定。何以故？今世是怨，後世成親。瞋憎之心自失大利破忍辱福，失慈心業障佛道因緣，是故不應瞋憎。怨賊應當視之如其親里，所以者何？是怨賊令我得佛道因緣。若使怨賊無惡於我，我無所忍，是則為我善知識也，令我得成忍辱波羅蜜。怨賊之中得是慈已，於十方衆生慈心愛念普遍世界，見諸衆生無常變異，有老病死衆苦逼切，蜎蜚蠕動皆無安者而起悲心。若見衆生得今世樂及後世樂，得生天樂、賢聖道樂而起喜心。不見衆生有苦樂事，不憂不喜以慧自御，但緣衆生而起捨心。是名四無量心，於十方衆生慈心遍滿故名為無量。

行者常應修集是心，若或時有瞋恚心起，如蛇如火在於身上即應急却。若心馳散入於五欲及為五蓋所覆，當以精進、智慧之力強攝之還，修習慈心常念衆生令得佛樂，習之不息，便得離五欲、除五蓋入初禪。得初禪相者喜樂遍身，諸善法中生歡喜樂，見有種種微妙之色，是名入佛道初門禪定福德因緣也。得是四無量心已，於一切衆生忍辱不瞋，是名衆生忍；得衆生忍已，易得法忍。法忍者，所謂諸法不生不滅畢竟空相。能信受是法忍，是名無生忍，得阿耨多羅三藐三菩提記，當得作佛。行者應當如是修習也。

不淨觀法

貪欲、瞋恚、愚癡是衆生之大病，愛身著欲則生瞋恚，顛倒所惑即是愚癡，愚癡所覆故，內身、外身愛著*淨相，習之來久染心難遣。欲除貪欲當觀不淨，瞋恚由外既爾可制，如人破竹初節為難，即制貪欲餘二自伏。不淨觀者，當知此身生於不淨處在胞胎，還從不淨中出，薄皮之內純是不淨，外有四大變為飲食充實其內。諦心觀察，從足至髮，從髮至足，皮囊之裹無一淨者，腦膜、涕唾、膿血、屎尿等，略說則三十六，廣說則無量。譬如農夫開倉，種種別知麻米豆麥等。行者以心眼開是身倉，見種種惡露，肝肺、腸胃諸蟲動食，九孔流出不淨常無休止，眼流眵淚，耳出結聹，鼻中涕流，口出唌吐，大小便孔常出屎尿，雖復衣食障覆實是行廁，身狀如此何由是淨？

又觀此身假名為人，四大和合譬之如屋，脊骨如棟，脇肋如椽，骸骨如柱，皮如四壁，肉如泥塗，虛偽假合，人為安在？危脆非真，幻化須臾。腳骨上脛骨接之，脛骨上髀骨接之，髀骨上脊骨接之，脊骨上髑髏接之，骨骨相拄危如累卵，諦觀此身無一可取。如是心則生厭惡，常念不淨三十六物如實分別，內身如此，外身不異。若心不住制之令還，專念不淨，心住相者身體柔軟，漸得快樂。心故不住當自訶心，從無數劫來常隨汝故，更歷三惡道中苦毒萬端，從今日去我當伏汝，汝且隨我，還繫其心令得成就。若極厭惡其身，當進白骨觀亦可入初禪。行者志求大乘者，命終隨意生諸佛前，不爾必至兜率天上得見彌勒。

白骨觀法

白骨觀者，除身皮血筋肉都盡，骨骨相拄白如珂雪，光亦如是。若不見者，譬如癩人，醫語其家：「若令飲血，色同乳者便可得差。」家中所有悉令作白，銀梧盛血，語之：「飲乳，病必得差。」癩人言：「血也。」答言：「白物治之，汝豈不見家中諸物悉是白耶？罪故見血，但當專心乳想，莫謂是血也。」如是七日便變為乳，何況實白而不能見？既見骨人，當觀骨人之中其心生滅相續如綖穿珠，如意所見，及觀外身亦復如是。若心欲住精勤莫廢，如攢火見烟，掘井見濕，必得不久。若心靜住，開眼、閉眼光骨明了，如水澄靜則見面像，濁則不了，竭則不見。

觀佛三昧法

佛為法王，能令人得種種善法，是故習禪之人先當念佛。念佛者，令無量劫重罪微薄，得至禪定，至心念佛，佛亦念之。如人為王所念，怨家債主不敢侵近，念佛之人諸餘惡法不來擾亂，若念佛者佛常在也。云何億念？人之自信無過於眼，當觀好像便如真佛。先從肉髻、眉間白毫下至於足，從足復至肉髻，如是相相諦取還於靜處，閉目思惟繫心在像，不令他念，若念餘緣攝之令還，心目觀察如意得見，是為得觀像定。當作是念：「我亦不往，像亦不來，而得見者，由心定想住也。」然後進觀生身便得見之，如對面無異也。

人心馳散多緣惡法，當如乳母伺視其子，莫令墜於坑井險道，念則如子，行者如母。若心不住當自責心，念老病死甚為切近。若生天者著於妙欲，無有治心善法；若墮三惡道，苦惱怖懅善心不生。今受妙法，云何可不至心專念耶？又作念言：「生在末法，末法垂已欲滅，猶如赦鼓開門放囚，鼓音漸已欲止，門扉已閉一扇，豈可自寬不求出獄？過去無始世界已來，所更生死苦惱萬端，今所受法未得成就，無常死賊須臾叵保，當復更受無央數劫生死之苦。」如是種種鞭心令心得住。心住相者，坐臥行步常得見佛，然後更進生身法身，得初觀已展轉則易。

生身觀法

生身觀者，既已觀像心想成就，*斂意入定即便得見，當因於像以念生身。觀佛坐於菩提樹下，光明顯照相好奇特，或如鹿野苑中坐為五比丘說四諦法時，或如耆闍崛山放大光明為諸大眾說*般若時，如是隨用一處，繫念在緣不令外散。心想得住即便見佛，舉身快樂樂徹骨髓，譬如熱得涼地，寒得溫室，世間之樂無以為喻也。

法身觀法

法身觀者，已於空中見佛生身，當因生身觀內法身十力、四無所畏、大慈大悲、無量善業，如人先念金瓶，後觀瓶內摩尼寶珠。所以尊妙神智無比，無遠無近無難無易，無限世界悉如目前，無有一人在於外者，一切諸法無所不了，常當專念不令心散，心念餘緣攝之令還。復次，一切愚智當其死時，外失諸根如投黑坑，若能發聲，聲至梵天，大力、大苦、大怖、大畏無過死賊，唯佛一人力能救拔，能與種種人天涅槃之樂。

復次，一切諸佛世世常為一切衆生故不惜身命，如釋迦牟尼佛昔為太子時，出遊道見癩人，勅醫令治，醫言：「當須不瞋人血飲之，以髓塗之，乃可得差。」太子念言：「是人難得，設使有者復不可爾。」即便以身與之令治，若為一切眾生亦復如是。佛恩深重過於父母，若使一切眾生悉為父母，佛為一分，二分之中常當念佛，不應餘念。如是種種功德隨念何事，若此定成，除斷結縛乃至可得無生法忍。若於中間諸病起者，隨病習藥。若不得定，六欲天中豪尊第一，飛行所至宮殿自隨，或生諸佛前終不空也；若人藥和赤銅，若不成金，不失銀也。

十方諸佛觀法

念十方諸佛者，坐觀東方廓然明淨，無諸山河石壁，唯見一佛結跏趺坐舉手說法。心眼觀察光明相好畫然了了，繫念在佛不令他緣，心若餘緣攝之令還。如是見者更增十佛，既見之後復增百千，乃至無有邊際，近身則狹，轉遠轉廣，但見諸佛光光相接。心眼觀察得如是者，迴身東南復如上觀，既得成就，南方、西南方、西方、西北方、北方、東北方、上下方都亦如是，既得方方皆見諸佛如東方已，當復端坐總觀十方諸佛，一念所緣周匝得見。定心成就者，即於定中十方諸佛皆為說法，疑網雲消得無生忍。若宿罪因緣不見諸佛者，當一日一夜六時懺悔隨喜勸請，漸自得見，縱使諸佛不為說法，是時心得快樂身體安隱。是則名為觀十方諸佛也。

觀無量壽佛法

觀無量壽佛者，有二種人。鈍根者，先當教令心眼觀察額上一寸，除却皮肉但見赤骨，繫念在緣不令他念，心若餘緣攝之令還。得如是見者，當復教令變此赤骨辟方一寸令白如珂。既得如是見者，當復教令自變其身皆作白骨，無有皮肉色如珂雪。復得如是見，當更教令變此骨身使作琉璃，光色清淨視表徹裡。既得如是見者，當復教令從此琉璃身中放白光明，自近及遠遍滿閻浮，唯見光明不見諸物，還攝光明入於身中，既入之後復放如初。凡此諸觀從易及難，其白亦應初少後多。既能如是，當從身中放此白光，乃於光中觀無量壽佛。無量壽佛其身姝大光明亦妙，西向端坐相相諦取，然後總觀其身結跏趺坐，顏容巍巍如紫金山，繫念在佛不令他緣，心若餘緣攝之令還，常如與佛對坐不異，如是不久便可得見。若利根者，但當先作明想晃然空淨，乃於明中觀佛便可得見。行者若欲生於無量壽佛國者，當作如是觀無量壽佛也。

諸法實相觀法

諸法實相觀者，當知諸法從因緣生，因緣生故不得自在，不自在故畢竟空相，但有假名無有實者。若法實有不應說無，先有今無是名為斷，不常不斷亦不有無，心識處滅言說亦盡，是名甚深清淨觀也。又觀婬、怒、癡法即是實相，何以故？是法不在內、不在外。若在內，不應待外因緣生；若在外則無所住，若無所住亦無生滅，空無所有清淨無為，是名婬怒癡實相觀也。又一切諸法畢竟清淨，非諸佛賢聖所能令爾，但以凡夫未得慧觀，見諸虛妄之法有種種相，得實相者觀之如鏡中像，但誑人眼，其實不生亦無有滅。

如是觀法甚深微妙，行者若能精心思惟深靜實相不生邪者，即便可得無生法忍。此法難緣心多馳散，若不馳散或復縮沒，常應清淨其心了了觀察，若心難攝當呵責心：「汝無數劫來常應雜業無有厭足，馳逐世樂不覺為苦，一切世間貪樂致患，隨業因緣受生五道，皆心所為，誰使爾者？汝如狂象蹈籍殘害無有物制，誰調汝者？若得善調則離世患。當知處胎不淨苦厄，逼迮切身猶如地獄，既生在世，老病死苦、憂悲萬端不得自在。若生天上當復墮落，三界無安，汝何以樂者？」如是種種呵責其心已，還念本緣。心想住者心得柔軟，見有種種色光從身而出，是名諸法實相觀也。

欲生無量壽佛國者，應當如是上觀無量壽佛，又觀諸法實相，又當觀於世間如夢如幻皆無實者，但以顛倒虛妄之法，橫起煩惱受諸罪報，如人見諸小兒共諍瓦石土木便生瞋鬪。觀諸世間亦復如是，當興大悲誓度一切，常伏其心修行二忍，所謂眾生忍、法忍也。眾生忍者，若恒河沙等眾生種種加惡，心不瞋恚，種種恭敬供養，心不歡喜；又觀眾生無初、無後，若有初者則無因緣，若有因緣是則無初，若無初者中後亦無，如是觀時不墮常斷二邊，用安隱道觀諸眾生不生邪見，是名眾生忍。法忍者，當觀諸法甚深清淨畢竟空相，心無罣礙能忍是事，是名法忍。新發意者雖未得是法忍，當如是修習其心。又觀諸法畢竟空相，而於眾生常興大悲，所有善本盡以迴向，願生無量壽佛國，便得往生。

法華三昧觀法

三七日一心精進如說修行，正憶念法華經者，當念釋迦牟尼佛於耆闍崛山與多寶佛在七寶塔共坐，十方分身化佛遍滿所移眾生國土之中，一切諸佛各有一生補處菩薩一人為侍，如釋迦牟尼佛以彌勒為侍。一切諸佛現神通力，光明遍照無量國土，欲證實法出其舌相，音聲滿於十方世界。所說法華經者，所謂十方三世眾生若大若小，乃至一稱南無佛者，皆當作佛，惟一大乘，無二、無三，一切諸法一相一門，所謂無生無滅畢竟空相，唯有此大乘無有二也。習如是觀者，五欲自斷，五蓋自除、五根增長，即得禪定，住此定中深愛於佛。又當入是甚深微妙一相一門清淨之法，當恭敬普賢、藥王、大樂說、觀世音、得大勢、文殊、彌勒等大菩薩眾，是名一心精進如說修行正憶念法花經也，此謂與禪定和合令心堅固

禪法要解

禪法要解卷上

姚秦三藏鳩摩羅什等於長安逍遙園譯

行者初來欲受法時，師問五衆戒淨已，若婬欲多者，應教觀不淨。不淨有二種：一者、惡厭不淨，二者、非惡厭不淨。何以故？衆生有六種欲：一者、著色，二者、著形容，三者、著威儀，四者、著言聲，五者、著細滑，六者、著人相。著五種欲者，令觀惡厭不淨；著人相者，令觀白骨人相。又觀死屍若壞、若不壞，觀不壞斷二種欲：威儀、言聲，觀已壞悉斷六種欲。習不淨有二種：一者，觀死屍臭爛不淨，我身不淨，死屍一等無有異也。如是觀已，心生惡厭。取是相已至閑靜處，若樹下、若空舍，以所取相自觀不淨，處處遍察，繫心身中不令外出，若心馳散還攝緣中。二者，雖不眼見，從師受法憶想分別，自觀身中三十六物不淨充滿，髮毛、爪齒、涕淚、涎唾、汗垢、肪䐇、皮膜、肌肉、筋脈、髓腦、心肝、脾腎、肺胃、腸肚、胞膽、痰癊、生藏、膿血、屎尿、諸蟲，如是等種種不淨聚，假名為身。自觀如是，所著外身亦如是觀。

若心厭惡婬欲，心息則已。若心不息，當勤精進呵責其心，作是念言：「老病死苦*甚為至近，命如電逝人身難得，善師難遇，佛法欲滅如曉時燈，有破定法衆患甚多。內諸煩惱，外有魔民，國土飢荒，內外老病死賊其力甚大，壞習禪定。我身可畏，於諸煩惱賊中，未有微損；於禪定法中，未有所得。雖服法衣內實空虛，俗人無異，諸惡趣門一切皆開，諸善法中未入正定，於諸惡法未能必不為惡，我今云何著是屎囊而生懈怠，不能精勤制伏其心？如此弊身賢聖所呵，不淨可惡九孔流出，而貪著此身，與畜生同死，俱投黑闇*其所不應。」如是鞭心思惟自責，還攝本處。

又時亦復應令心悅，作是念言：「佛是一切智人，直說道教易解易行，是我大師，如是不應憂畏。如依大王無有怖畏，諸阿羅漢所作已辦，是我同伴，已能伏心如奴*畏主，心已調伏具種種果，六通自在。我亦應自伏其心，求得此事唯有此道，無復異路。」如是思惟已還觀不淨，復自欣歡作是念言：「初習道時，諸煩惱風吹破我心。我欲得道，上妙五欲尚不能壞，何況弊者？」

如長老摩訶目揵連得阿羅漢道，本婦將從伎樂盛自莊嚴飾欲壞目連，目連爾時說偈言：

汝身骨幹立，皮肉相纏裹，不淨內充滿，無一是好物。
韋囊盛屎尿，九孔常流出，如鬼無所直，何足以自貴？
汝身如行廁，薄皮以自覆，智者所棄遠，如人捨廁去。
若人知汝身，如我所厭惡，一切皆遠離，如人避屎坑。
汝身自嚴飾，華香以瓔珞，凡夫所貪愛，智者所不惑。
汝是不淨聚，集諸穢惡物，如莊嚴廁舍，愚者以為好。
汝脅肋著脊，如椽依棟住，五藏在腹內，不淨如屎篋。
汝身如糞舍，愚夫所保愛，飾以珠瓔珞，外好如畫瓶。

若人欲染空，　終始不可著，　汝欲來嬈我，　如蛾自投火。
一切諸欲毒，　我今已滅盡，　五欲已遠離，　魔網已壞裂。
我心如虛空，　一切無所著，　正使天欲來，　不能染我心。

⊙淨觀者三品：或初習行，或已習行，或久習行。若初習行，當教言破皮卻不淨，當觀白骨人繫意在觀，不令外意，外念諸緣攝之令還。若已習行，當教言心卻皮肉具觀頭骨，不令外念，外念諸緣攝之令還。若人習行，卻身中一寸皮肉，繫意五處，頂上、額上、眉間、鼻端、心處，如是等處住意在骨，不令外念，外念諸緣攝之令還。當復觀心，若心疲極，捨諸外想注念在緣。譬如獼猴被繫在柱，終日馳走鎖常攝還，極乃休息。所緣如柱，念則如鎖，心喻獼猴。亦如乳母常觀小兒不令墮落，行者觀心亦復如是，漸漸制心令住緣處，若心久住是應禪法。若得禪定，即有三相：身悉和悅柔軟輕便，白骨流光猶如白珂，心得靜住，是為淨觀。

是時便得色界中心，是名初學禪法門。若定得勝心，則不如制之令住，是名一心。若能一寸中住便得，遍卻不得但觀赤骨人。得此觀已棄赤骨人，觀白骨人不令外念，外念諸緣攝之令還。心若清淨住於骨觀，骨邊白光遍身中出，如天清明日光極淨。此光既出，以心目觀了了見之。因光力故見骨人中，相似諸心心相應法生滅，如毘瑠璃筒中水流。是時心息得樂，婬人欲樂不足喻也。外身觀亦復如是，如是一身觀，次第轉多乃至閻浮提。復從一閻浮提，還至一寸心得自住，是為不淨中淨三昧門。復此，此身空骨以薄皮覆，有何可樂？甚可患也！☆

行者如是思惟決定堅固，住心本緣不畏衆欲。若利根者一心精勤，遠至七日心得定住。中根者，乃至三七⊙日。鈍根者，久久乃得。如攢酪成酥，必可得也。若不任習行，是身雖復久習種種方喻，空無所得，譬如攢水終不成酥。問曰：「何事不中？」答曰：「若犯禁戒不可懺者，若邪見不捨，若斷善根及三覆障，所謂厚利煩惱、五無間罪、三惡道報，如是等罪不應習行。又摩訶衍中菩薩利根，有實智慧福德因緣不同其事。若不任習行，當誦經修福起塔供養，說法教化行十善道。」

問曰：「云何當知得一心相？」

答曰：「心住相者，身軟輕樂，瞋恚、愁憂諸惱心法皆已止息。心得快樂，未曾所得勝於五欲，心淨不濁故身有光明。如清淨鏡光現於外，如明珠在淨水中光明顯照，行者見是相*已，心安喜悅。譬如渴人掘地求水，已見濕泥得水不久。行者如是，初習行時如掘乾土，久而不止得見濕相，自知不久當得禪定，一心信樂，精勤攝心轉入深定。作是念已毀訾五欲，見求欲者甚為可惡，如人見狗不得好食而噉臭糞。如是種種因緣，呵欲為過，心生憐愍。受五欲者，自心有樂而不知求，反更外求不淨罪樂，行者常應精進，晝夜集諸善法助成禪定，諸障禪法令心遠離。集諸善法者，觀欲界無常、苦、空、無我，如病、如瘡、如癰、如箭入心，三毒熾燃起諸鬪諍，嫉妬烟相甚為惡厭，如是觀者，是名初習禪法。若習法時，中間或有五蓋覆心，即應除滅，如黑雲翳日風力破散。若婬欲蓋起心念五欲，即應思惟：『我今在道，自捨五欲云何復念？如人還食其吐，此是世間罪法。我今學道除剃鬚髮，被著法衣盡其形壽，五欲情願永離永斷，云何還復生著？

」甚非所宜即令除滅，如賊毒蛇不令入室，以其為禍甚深重故。

「復次，五欲之法衆惡住處，無有反復。初時尚可，久後欺誑受諸苦毒，嫉妬恚怒無惡不作，如囊盛衆刀，以手抱觸左右傷壞。復次，設得五欲猶不厭足，若無厭足則無有樂。如渴飲漿，未及除渴不得有樂。猶如搔疥，其患未差不可為樂。復次，欲染其心不見好醜，不畏今世後世罪報，以是之故除卻婬欲。

「已卻婬欲或生瞋惱，瞋惱心生即應除卻。衆生可念處胎已來無時不苦，衆苦備具，云何更增其惱？如人臨欲刑戮，何有善人重增苦痛？又復行道之人，應捨吾我愛慢等結，雖不障生天，而行道之人尚不生念，何況瞋恚拔樂根本？復次，如水沸動不見面像，瞋恚心生不識尊卑、父母、師長，乃至不受佛教。瞋為大病，殘害無道猶如羅剎，當以思惟慈心消滅瞋恚。婬欲、瞋恚既止，若得禪定則為快樂。

「若未得禪樂，情散愁憒，心轉沈重瞪瞢不了，即知睡眠害心之賊，尚破世利，何況道事？睡眠法者與死無異，氣息為別，如水衣覆水不覩面像，睡眠覆心不見好醜諸法之實，亦復如是。即時除卻，應作是念：『諸煩惱賊皆欲危害，何可安眠？如對賊陣鋒刃之間，不應睡眠。未離老病死患，未脫三惡道苦，於道法中乃至暖法未有所得，不應睡眠。』作是念已，若睡猶不止，即應起行冷水洗面，瞻視四方仰觀星宿，念於三事除滅睡眠不令覆心：一者、怖畏，當自思惟死王大力常欲為害，念死甚近如賊疾來無可恃怙，又如拔刀臨項睡則斬首。二者、欣慰，當作是念：『佛為大師，所有妙法未曾有也。我以受學，自幸欣慶。』睡心即滅。三者、愁憂，當復念言：『後世展轉受身經歷，苦痛毒害無邊無量。』如是種種因緣呵睡眠法，如是思惟睡眠則止。若掉悔蓋起，應作是念：『世人欲除憂求歡喜故，而生掉戲，今我苦行坐禪求道，云何自恣放心掉戲？甚所不應。佛法所重攝心為本，不應輕躁縱心自放，如水波動不見面像，掉戲動心不見好醜。』悔如禪度中說。」

問曰：「貪欲、恚、疑各別為蓋，何故睡眠、掉悔二合為蓋？」

答曰：「睡雖煩惱勢力微薄，眠不助成則不覆心，掉戲無悔不能成蓋，以是故二合為蓋。譬如以繩繫物單，則無力合而能繫。復次，睡眠心法因睡心重，以心重故身亦俱重，因睡微覆眠覆轉增遮壞道法，是故二合為蓋。眠既覺已心不專一，馳念五欲行諸煩惱，是名為掉。譬如獮猴得出羈閉，自恣跳躑戲諸林木，掉亦如是。已念五欲行諸結使，身口意失而生憂悔，作是念言：『不應作而作，應作而不作。』是故掉悔相因二合為蓋。」

問曰：「作惡能悔，不應為蓋！」

答曰：「如犯戒自悔，從今以往不復更作，如是非蓋。若心作罪常念不息，憂惱亂心故名為蓋，如是種種因緣呵掉悔蓋。繫心緣中，若心生疑即應令滅。所以者何？疑之為法非如愛慢，今世不生歡心，後世令墮地獄。有疑遮諸善法，如岐路猶豫不知那進便自止息。行者如是，本所習法疑不復進，即知疑患遮覆正道，當疾除卻，復作是念：『佛為一切智人，分別諸法是世間法？是出世間法？是善？是不善？是利？是害？了了分明。今但受行不應生疑，當隨教法不應拒違。復次，佛法妙者，修定智慧如實*知法，我無是智，云何自心籌量諸法？如人手執利器，乃可與賊相禦，若無所執而對強敵，反以為害。我今未得修定智慧，云何欲籌量諸法實相？是不應然。復次，外道非佛弟子故應生疑，我是弟子云何於佛而復生疑？佛常毀呰疑患，是覆、是蓋、是遮、是礙、自誑之法。如人既知刺客即應除避，疑亦如是誑惑行者，欲與疑慧而礙實智。譬如病疥，搔之轉多身壞增劇，良醫授藥疥痒自止，行者如是種種諸法而生疑想，隨事欲解疑心轉多。是以佛教直令斷疑，疑生即滅。』如是種種呵疑，當疾除卻。行者如是思惟除捨五蓋，集諸善法深入一心，斷欲界煩惱得初禪定，如佛經說：行者離欲惡不善法，有覺有觀離生喜樂入初禪。」

問曰：「得初禪相云何？」

答曰：「如先以正念呵止五欲，未得到地身心快樂，柔和輕軟身有光明。得初禪相轉復增勝，色界四大遍滿身故柔和輕軟，離欲惡不善，一心定故能令快樂。色界造色有光明相，是故行者見妙光明照身內外。行者如是心意轉異，瞋處不瞋，喜處不喜，世間八法所不能動，信敬慚愧轉多增倍，於衣服飲食等心不貪著，但以諸善功德為貴，餘者為賤。於天五欲尚不繫心，何況世間不淨五欲？得初禪人有如是等相。復次，得初禪時心大驚喜，譬如貧者卒得寶藏心大歡喜，作是念言：『初夜、中夜、後夜精勤苦行，習初禪道，今得果報如實不虛，妙樂如是，而諸衆生狂惑頑愚，沒於五欲不淨非樂，甚可憐愍。』初禪快樂內外遍身，如水漬乾土內外霑洽，欲界身分受樂不能普遍，欲界婬恚諸火熱身，入初禪池涼樂第一，除諸熱惱，如大熱極入清涼池。既得初禪，念本所習修行道門或有異緣，所謂念佛三昧，或念不淨、慈心觀等。所以者何？是行思力令得禪定，轉復深入本觀倍增，清淨明了。行者得初禪已，進求二禪。若有漏道，於二禪邊地厭患覺觀，如欲界五欲、五蓋令心散亂，初禪覺觀惱亂定心亦復如是。若無漏道離初禪欲，即用無漏初禪呵責覺觀。」

問曰：「如初禪結使亦能亂心，何故但說覺觀？」

答曰：「初禪結使名為覺觀，所以者何？因善覺觀而生愛著，是故結使亦名覺觀，始得初禪未有餘著。復次，本未曾得覺觀大喜，以大喜故壞敗定心，以破定故先應除捨。復次，欲入甚深二禪定故除卻覺觀，為大利故而捨小利，如捨欲界小樂而得大樂。」

問曰：「但說覺觀應滅，不說初禪煩惱耶？」

答曰：「覺觀即是初禪善覺觀也，初禪愛等亦名覺觀，以惡覺觀障二禪道，是故宜滅；以善覺觀能留行者令心樂住，是故皆應當滅。尋復思惟知惡覺觀是為真賊，善覺觀者雖似親善亦復是賊，奪我大利故，當進求滅二覺觀。覺觀惱亂，如人疲極安眠眾音惱亂，是故行者滅此覺觀已求二禪。譬如風土能濁清水不見面像，欲界五欲濁心如土濁水，覺觀亂心如風動水，以覺觀滅故，內得清淨無覺無觀定生喜樂，入於二禪。」

問曰：「云何是二禪相？」

答曰：「經中說言，滅諸覺觀若善、若無記，以無覺觀動故內心清淨，如水澄靜無有風波，星月諸山悉皆照見。如是內心清淨故，名賢聖默然。三禪、四禪雖皆默然，以二禪初得為名，有覺觀語言因緣，因緣初滅故得名默然。定生喜樂妙勝初禪，初禪喜樂從離欲生，此中喜樂從初禪定生。」

問曰：「二禪亦離初禪結使，何以不言離生？」

答曰：「雖復離結◎使，但依定力多故，以定為名。復次，言離欲者則離欲界，言離初禪未離色界，是故不名離生，如是等是二禪相。行者既得二禪，更求深定，二禪定有煩惱覆心，所謂愛慢邪見疑等壞破定心，是二禪賊遮三禪門，是故當求斷滅此患，以求三禪。」

問曰：「若爾者，佛何以故說離喜行捨得入三禪？」

答曰：「得二禪大喜，喜心過差，心變著喜生諸結使，以是故喜為煩惱之本。又復諸結使無有利益，不應生著，喜是悅樂甚為利益，滯著難捨，以是故佛說捨喜得入三禪。」

問曰：「五欲不淨罪，喜則應當捨，是喜淨妙衆生所樂，云何言捨？」

答曰：「先已答生著因緣，則是罪門。復次，若不捨喜，則不能得上妙功德，以是故，捨小得大有何過也？行者進求三禪，觀喜知患憂苦因緣，所可喜樂無常事變則生憂苦。復次，喜為麁樂，今欲捨麁而求細樂，故言離喜更入深定求異定樂。云何三禪相滅喜？捨此妙喜心不悔念，知喜為害，譬如人知婦是羅剎，則能捨離心不悔念，喜為狂惑麁法非妙。第三禪身受樂，世間最樂無有過者，聖所經由，能受、能捨無喜之樂，以念巧慧身則遍受入於三禪。」

問曰：「此說一心念慧，初禪、二禪何以不說？」

答曰：「第三禪者，身遍受樂心行捨法，不令心著分別好醜，故言一心念慧。復次，三禪中有三過：一者、心轉細沒，二者、心大發動，三者、心生迷悶，行者常應一心念此三過。若心沒時，以精進智慧力還令心起，若大發動則應攝止。若心迷悶，應念佛妙法還令心喜，常當守護治此三心，是名一心行樂者入第三禪。」

問曰：「如經第三禪中二時說樂，何等為二樂？」

答曰：「前說受樂，後說快樂。」

問曰：「有三種樂：受樂、快樂、無惱樂，以何樂故三禪名為第一之樂？」

答曰：「三樂上妙皆勝下地，但以受樂第一說名樂地，究竟盡故。餘二樂者上地猶有，此中不以為名。」

問曰：「喜樂、無喜樂有何差別？」

答曰：「樂受有二種：一者、喜根，二者、樂根。喜根喜樂，初禪、二禪所攝；樂根無喜樂，三禪所攝。復次，欲界初禪樂受，麁者名樂根，細者名為喜根。二禪、三禪樂受，麁者為喜根，細者為樂根。譬如熱極，得清冷水持洗手面，是名為喜；入大涼池舉身沐浴，是名受樂。行者如是，初禪覺觀⊙動故，樂不遍身；二禪大喜驚故，不能遍身；三禪無障礙故，樂遍其身，是名差別。復次，樂受有四種：欲界六識相應樂，名為喜根亦名樂根；初禪四識相應樂，名為樂根亦名喜根；二禪意識相應樂受，名為喜根；三禪離喜故意識相應樂受，名為樂根。行者既得三禪，知上三樂，一心守護常恐畏忘失，則為是惱。是故樂復為患，當求離樂。譬如人求富貴之樂，求時既苦，得時無厭則復為苦，得已守護亦復為苦。有人以求樂為苦故捨，或有得樂無厭覺苦故捨，或有既得守護為苦故捨。行者患樂亦如是，求初禪樂以覺觀惱亂故捨，二禪大喜動故捨，三禪知樂無常難守故捨。以是故，當捨此樂求於四禪安隱之地。」

問曰：「行者依禪定樂捨於欲樂，今依何等而捨禪樂？若捨禪樂得何利益？」

答曰：「行者依於涅槃樂能捨禪樂，得三利故，所謂羅漢、辟支佛、佛道。是故捨禪定樂，行於四禪安隱快樂，以三乘道隨意而入涅槃。」

問曰：「云何知是第四禪相？」

答曰：「如佛說四禪相，若比丘斷樂、斷苦，先滅憂喜，不苦不樂，護念清淨，入第四禪。」

問曰：「斷三禪樂應爾，離欲時已斷苦，今何故復言斷苦？」

答曰：「有人言斷有二種：一、別相斷，二、總相斷。如須陀洹以道比智，總斷一切見諦結使。是事不然，何以故？佛說斷苦、斷樂，先滅憂喜。若欲界苦，應說先斷苦、憂、喜，而不說者，以是故知非欲界苦。以三禪樂無常相故，則能生苦，是故說斷苦。又如佛說樂受時當觀是苦，於三禪樂生時、住時為樂，滅時為苦，以是故言斷樂、斷苦。先滅憂喜者，欲界中憂，初、二禪喜者。」

問曰：「欲界中有苦有憂，離欲時滅，何以但說斷憂不說斷苦？」

答曰：「離欲時雖斷二事，憂根不復成就，苦根成就，以成就故不得言滅。」

問曰：「若三禪中樂生住時、樂滅時為苦，今說初禪、二禪中喜何獨不爾？」

答曰：「佛經所說：離三禪時，斷樂、斷苦，無滅憂喜。初禪、二禪不作是說。」

問曰：「佛何因緣不作是說？」

答曰：「三禪中樂，於三界中受樂最妙，心所著處，以其著故無常生苦。以喜麁故不能遍身，雖復有失不大生憂，以是故佛經不說也。不苦不樂者，第四禪中雖有不苦不樂受，捨者捨三禪樂，行不苦不樂受，不憶不悔。念清淨者，以滅憂、喜、苦、樂四事故念清淨。」

問曰：「上三禪中不說清淨，此中何以獨說？」

答曰：「初禪覺觀亂故念不清淨，譬如露地風中然燈，雖有脂炷，以風吹故明不得照。二禪中雖一識攝，以喜大發故定心散亂，是故不名念清淨。三禪中著樂心多，亂此禪定故不說念清淨。四禪中都無此事故，言念清淨。復次，下地雖有定心，出入息故令心難攝，是中無出入息故心則易攝，易攝故念清淨。復次，第四禪名為真禪，餘三禪者方便階梯。是第四禪譬如山頂，餘三禪定如上山道，是故第四禪佛說為不動處，無有定所動處故。有名安隱調順之處，是第四禪相譬如善御調馬，隨意所至，行者得此第四禪，欲行四無量心隨意易得；欲修四念處，修之則易；欲得四諦，疾得不難；欲入四無色定，易可得入；欲得六通，求之亦易。何以故？第四禪中不苦不樂捨念清淨，調柔隨意，如佛說喻金師調金，洋鍊如法隨意作器無不成就。」

問曰：「行者云何得慈心無量？」

答曰：「行者依四禪已，念一城眾生願令得樂，如是一國土，一閻浮提四天下、小千國土、二千國土、三千大千國土，乃至十方恒河沙等無量無邊眾生，慈心遍覆皆願得樂。譬如水劫盡時，消水火珠滅不復現，大海龍王心大發動，從念生水出海盈漫，及天澍雨遍滿天下，是時天地彌漫無不充溢。行者亦爾，以大慈水滅瞋恚，消慈火珠慈水發溢漸漸廣大，遍至無量無邊眾生，悉蒙潤澤常出不斷，或聽說法增益慈心。譬如大雨無不周普，行者慈念眾生，令得世間清淨之樂，亦以所得禪定快樂持與眾生，亦以涅槃苦盡之樂，乃至諸佛第一實樂願與眾生。以慈力故，悉見十方六道眾生無不受樂。」

問曰：「如阿毘曇說：『何等是慈三昧？觀一切眾生悉見受樂。』又經中說：『慈心三昧，遍滿十方皆見受樂。』云何但言願令眾生得樂？」

答曰：「初習慈心願令得樂，深入慈心三昧已，悉見眾生無不受樂。如鑽燧出火，初然細軟乾草，火勢轉大，濕木山林一時俱然，慈亦如是。初入觀時，見人受樂願與苦者，慈力轉成悉見得樂。」

問曰：「眾生實無得者，云何皆見得樂而不顛倒？」

答曰：「定有二種：一者、觀諸法實相，二者、觀法利用。譬如真珠師，一者、善知珠相貴賤好醜，二者、善能治用。或有知相而不能用，或有治用而不知相，或有知相亦能治用。行者如是，賢聖未離欲者，能觀法相四真諦等而不能用，不行四無量故。如凡夫離欲行諸功德，能有利用，生四無量心，不能觀實相故。如俱解脫阿羅漢等，能觀實相，具禪定故生四無量。四無量者，得解之法，以利用故非為顛倒。復次，佛法之實無有眾生，云何觀苦者為實，樂者為倒？所謂顛倒，無眾生中而著我相，若常若無常、若邊若無邊等，是為顛倒。行慈之人知眾生假名，如輪等和合名之為車，是故行者慈心清淨則非顛倒。復次，若無眾生以為實者，眾生受樂應是顛倒，而有眾生、無眾生皆為是邊，不應但有眾生以為顛倒。復次，慈三昧力故，行者皆見眾生無不得樂，如一切入觀，禪定力故於緣境界轉青作赤，何況眾生皆有樂相而不見也？如貴賤、貧富、禽獸之屬，各自有樂互相憐愍，貴者之患貧者所無，貧者之患貴者所無。」

問曰：「餘道可爾，地獄云何？」

答曰：「地獄眾生亦有樂分。遠見刀山灰河，皆謂林水而生樂想，見樹上女人亦生樂想。又我心顛倒故愛樂其身，若欲殺時逃避啼哭，請求獄卒願見放捨，若語赦汝得脫此苦，心亦可樂，如是之等皆有樂分。又復神通力故，行慈之心種種教化，令眾生得樂。或隨所有而能與之，及身口行助成利益。如諸佛菩薩深心愛念壞諸惡趣，實令眾生得種種樂。以是故不但願與，亦實令得樂。」

問曰：「行慈者得何功德？」

答曰：「行慈者諸惡不能加，如好守備外賊不害，若欲惱害反自受患。如人以掌拍矛，掌自傷壞矛無所害。五種邪語不能壞心，五種者：一、妄語說過，二、惡口說過，三、不時說過，四、惡心說過，五、不利益說過。譬如大地不可破壞，種種瞋惱讒謗等不能毀也。譬如虛空不受加害，心智柔軟猶若天衣。復次，行者入慈，虎狼、毒獸、蛇蚖之屬皆不能害，如入牢城無能傷害，得如是等無量功德。」

問曰：「慈德如是，何者名慈法？」

答曰：「愛念眾生皆見受樂，是心相應法，行陰所攝，名為慈法。或色界繫，或不繫，心數法，心共生，隨心行，非色法，非是業，業相應。業共生，隨業行，非報生。是應修，得修、行修，應證，身證、慧證。或思惟斷，或不斷；或有覺有觀，或無覺有觀，或無覺無觀；或有喜，或無喜；或有出入息，或無出入息；或賢聖，或凡夫；或樂受相應，或不苦不樂受相應。非道品，先緣相後緣法，在四禪亦餘地。緣無量眾生故，名為無量。清淨故，慈念故，憐愍利益故，名為梵行、梵乘。能到梵世名為梵道，是過去諸佛常所行道。」

問曰：「云何修習慈心？」

答曰：「若行者作是念：我除剃鬚髮，不在飾好破憍慢相，若稱此者宜應行慈。今著染衣，當應行慈令心不染，食他之食不虛受施。如經所說：『若有比丘漸修慈心則隨佛教，如是不虛食人信施。』復次，若出家、若在家，行者作是念：慈心力故，於惡世中安隱無患，於破法眾中獨隨法行，於熱煩惱令心清冷，如近聚落有涼清池。復次，行慈力故，怨家毒害不能復害，如著革屣刺不能傷。行者處於欲界，多瞋怒害、鬪諍怨毒種種諸害，慈心力故無能傷損。譬如力士著金剛鎧，執持利器，雖入大陣不能傷壞。復次，是慈能利益，利益三種人：凡夫行慈除諸瞋恚，得無量福生於淨果，世間福德無過是者。求聲聞、辟支佛者，欲界多瞋慈力能破，及餘煩惱則亦隨滅，得離欲界漸出三界，如佛所說：『慈心共俱，近修七覺。』大乘發心為度衆生，以慈為本。如是慈心，於三種人無量利益。又習慈初門，又十六行令速得慈，又使牢固亦常修行：一者、持戒清淨，二者、心不悔，三者、善法中生喜，四者、快樂，五者、攝護五情，六者、念巧便慧，七者、身離心離，八者、同行共住，九者、若聽若說隨順慈法，十者、不惱亂他人，十一者、食知自節，十二者、少於睡眠，十三者、省於言語，十四者、身四威儀安隱適意，十五者、所須之物隨意無乏，十六者、不戲論諸法行，是十六法助慈三昧。

「悲者，觀衆生苦，如地獄、餓鬼、畜生、世間刑徒、飢寒病苦等，取其苦相故悲心轉增，乃至樂人皆見其苦。」

問曰：「云何以樂為苦？」

答曰：「樂是無常，樂無厭足，從因緣生，念念生滅無有住時，以是故苦。

復次，如欲天受樂如狂如醉，無所別知死時乃覺。色、無色界衆生，於深禪定愛味心著，命終隨業因緣還復受報，如是衆生當有何樂?於地獄三惡道，是舊住處；天上人中，猶如客住暫得止息。以是因緣故，佛但說苦諦無有樂諦，是故一切衆生無不是苦。衆生可愍不知實苦，於顛倒中而生樂想，今世後世受種種憂惱而無厭心，雖暫得離苦，還復求樂作諸苦事。如是思惟，見諸衆生悉皆受苦，是為悲心。餘悲心義，如摩訶衍論四無量中說。

「喜者，行人知諸法實相，觀苦衆生皆為樂相，觀樂衆生皆為苦相，如是諸法無有定相，隨心力轉。若諸法無有一定相者，成阿耨多羅三藐三菩提尚無有難，何況餘道隨意可得，故心生歡喜!

「復次，行者作是念：『我因少持戒、精進等便得離欲，逮諸禪定無量功德，念諸善功德故心生歡喜，譬如賈客齎持少物百千倍利，心大歡喜。』復作是念：『如是法利皆由佛恩，佛自然得道與人演說，隨教修行得如是利益。』是時心念十方諸佛，身有金色相好莊嚴及十力等無量功德法身，因是念佛心生歡喜。復次，佛法於九十六種道中最為第一，能滅諸苦能趣常樂，心生歡喜。又復，分別三種佛法：一者、涅槃無量常相，是究竟不壞法；二者、涅槃方便八直聖道；三者、十二部經宣示八道；如是念法，心生歡喜。

「復次，能知如是實相，行於正道離諸邪徑，是為正人，所謂佛弟子眾於一切眾中最為第一。自思惟言：『我已在此眾中，是我真伴，彼能益我。』以是因緣故心生歡喜，願令眾生悉皆歡喜，定力轉成故悉見眾生皆得是喜。

「捨者，行人如小懈極心暫止息，但觀眾生一相，不觀苦樂。喜相猶如小兒，若常愛念憍恣敗壞，若常苦切怖畏羸瘦，是故有時放捨不愛不憎。行者如是，若常行慈喜心則放逸，以喜樂多故；若常行悲心則生憂惱，以念苦多故，是故行捨莫令苦樂有過。

「復次，行者入道得禪定味，分別眾生好醜、是善是不善？善者恭敬愛念，不善者則生輕慢。如人得大珍寶輕慢貧者，見有寶者恭敬愛念，破是二相故而行捨心。如經中說：『修行慈心，除破瞋恚；修行悲心，除惱眾生；修行喜心，除破愁憂；修行捨心，除破憎愛。但觀眾生得解脫故，隨心所作。』如人觀林，不觀樹也。又如世人寒時得溫，熱時得涼，資生隨意者，是名為樂。若得官位寶藏歌舞戲笑，是名為喜。若失此眾事者，是名憂苦。若無此三事者，是名為捨。行者亦如是具有四心，自身受樂願及眾生，心既柔軟，見一切眾生悉得是樂。又復見諸天上世間豪貴，取其樂相願及眾生，心既柔軟，見一切眾生悉得是樂。修行慈時心生大喜，以此大喜願與眾生。或從定起，禮佛法眾讚歎供養，亦得心喜願與眾生，及取外喜願與眾生。或時自見其苦，老病憂惱、飢寒困苦，欲令眾生離是苦惱。我能分別籌量心忍猶尚苦惱，何況眾生無有智慧，忍受眾苦何得不惱？則生悲心。復見外人刑戮鞭撻，又聞經說惡道苦痛，取是苦相，觀一切皆苦而生悲心。捨者自捨憎愛，亦觀眾生無有憎愛，及取外眾生受不苦不樂者，從第四禪乃至非有想非無想處，及欲界無苦無樂時，取是相已觀一切眾生，亦都如是無苦無樂。

「復次，如貴人唯有一子，愛念甚重心常慈愍，世間諸樂願令悉得，自能得者亦皆與之。其子或時遭諸惱患，父甚悲念，若子從*困得免，其父大喜。心生喜已即便放捨，任子自長父得休息。行者如是於四無量心中，觀諸衆生亦如子想，隨己所有樂事及取世間種種諸樂願令得之，慈定力故悉見一切皆是樂者。行人從慈心起，若見衆生受諸苦痛，取是相已而生悲心，悲心力故見諸衆生悉皆受苦，見受苦已願令衆生皆離是苦。從悲三昧起，若見衆生受樂得道入涅槃者，取是相已而生喜心，欲令彼得而彼自得，心識柔軟，悉見衆生皆得歡喜。從此定起，見衆生不苦不樂者、不憂不喜者，取是相已而生捨心，願令衆生不苦不樂不憂不喜，以善修捨定力故，悉見衆生不苦不樂不憂不喜，得離煩惱熱。復次，若衆生有諸過釁捨而不問，若恭敬愛者不以為喜，是為捨心。如是等四無量義，如摩訶衍中說。」

禪法要解卷上㊽

禪法要解卷下

姚秦三藏鳩摩羅什等於長安逍遙園譯

「若行者欲求虛空定，當作是念：『色是種種衆苦具。如鞭杖、割截、殺害、飢寒、老病苦等，皆由色故。』思惟如是則捨離色，得虛空處。」

問曰：「行者今以色為身，云何便得捨離？」

答曰：「諸煩惱是色因緣，又能繫色，是煩惱滅故則名離色。復次，習行破色虛空觀法，則得離色。復次，如佛所說，比丘觀第四禪五陰，如病、如癰、如瘡、如刺、無常、苦、空、無我，如此等觀則離第四禪五陰，以餘陰隨色故，但言離色。所以者何？色究竟盡故。復次，行者觀色分分破裂，則無有色。如身有分，頭、足、肩、臂等各各異分，則無有身。如頭，眼、耳、鼻、舌、口、鬚髮、骨肉等，分分令異，則無有頭。如眼者，四大、四塵、身根、眼根十事和合，白黑等肉團名為眼，各各分別則無有眼。地等諸分，各亦如是。」

問曰：「眼根四大所造不可定色，云何分別？」

答曰：「四大及四大造淨色和合，故名為眼，若除是色則無有眼。又此淨色雖不可見，以有對故有分，有分故無眼。復次，能見色者是名為眼，若除四大及四大造色則無眼，若無眼能見色者，耳亦應為眼。若眼是色法，一切色法有處有分故，應可分別。若可分別，則為多眼。若言四大所造衆微塵為眼者，不應一眼，若都非眼，亦無一眼。若言微塵為眼者，是亦不然。何以故？若微塵有色，則有十方，不名為微塵；若非色者，則不名為眼。復次，微塵體定有四分：色、香、味、觸，是眼非四事。何以故？眼是內入攝，四為外入攝，以是故，不得以諸微塵為眼。如佛說：『衆事和合見色，假名為眼，無有定實。』耳、鼻、舌、皮、肉、骨等亦如是破，是為破內身相。外色宮殿、財物、妻子等，亦皆如是分別破。如佛告羅陀：『從今日當破散色、壞裂色，令無有色，能如是分別，是名離色。』

「復次，如佛說：『若比丘欲離色，度一切色相，滅一切對相，不念一切異相，入無量虛空處。度一切色相者，是可見色；滅一切對相者，是有對不可見色；不念一切異相者，不可見無對色。』復次，度一切色相者，青、黃、赤、白、紅、紫等種種色相；滅有對者，聲、香、味、觸等；不念一切異相者，大小長短、方圓遠近等。如是離一切色相，得入虛空處。

「復次，行者繫心身內虛空，所謂口鼻、咽喉、眼耳、胸腹等，既知色為衆惱，空為無患，是故心樂虛空。若心在色，攝令在空心轉柔軟，令身中虛空漸漸廣大，自見色身如藕根孔，習之轉利，見身盡空無復有色。外色亦爾，內外虛空同為一空。是時心緣虛空無量無邊，便離色想安隱快樂，如鳥在瓶瓶破得出，翱翔虛空無所觸礙，是名初無色定。行者*知虛空中受、想、行、識，如病、如癰、如瘡、如刺，無常、苦、空、無我，更求妙定則離空緣。所以者何？知是心所想虛空欺誑虛妄，先無今有，已有還無，既知其患，是虛空從識而有，謂識為真，但觀於識捨於空緣。習於識觀時，漸見識相相續而生，如流水燈焰，未來、現在、過去識識相續無邊無量。」

問曰：「何以故佛說識處無邊無量？」

答曰：「識能遠緣故無邊，無邊法緣故無邊。復次，先緣虛空無邊，若破無邊虛空，識應無邊。行者心柔軟故，能令識大乃至無邊，是名無邊識處。」

問曰：「是識處具有四陰，何以故但說識處？」

答曰：「一切內法識為其主，諸心數法皆隨屬識，若說識者則說餘事。復次，欲界中色陰為主，色界中受陰為主，虛空處、識處識陰為主，無所有處想陰為主，非想非非想處行陰為主。復次，三法：身、心、心數法，欲界、色界以身為主，心隨身故，若無身已心力獨用。心有二分：一分緣空，一分自緣。是故應有二處：空處、識處。但初破色故，虛空受名；破虛空故，獨識為名。心數法亦有二分：一分想，一分行。是故亦應有二處：想無所有處，行非想非非想處。復次，緣識故得離虛空處，以是故，雖有餘陰但識受名。

「行者得識處已，更求妙定觀識為患，如上說。復次，觀識如幻虛誑，屬諸因緣而不自在，有緣則生無緣則滅，識不住情，亦不住緣，亦不住中間，非有住處非無住處，識相如是。世尊說言：『識如幻也。』行者如是思惟已，得離識處。復次，行者作是念：『如五欲虛誑，色亦如是。如色虛誑，虛空亦爾。虛空虛誑，識相亦爾。是皆虛誑而眾生惑著，即謂諸法空無所有是安隱處。』作是念已，即入無所有處。」

問曰：「虛空處、無所有處有何差別？」

答曰：「前者心想虛空為緣，此中心想無所有為緣，是為差別。行者入無所有處已，利根者覺是中猶有受、想、行、識，厭患如先說，鈍根者則不能覺。復次，離無所有處因緣，有三見：有見、無見、非有見非無見。有見，從欲界乃至識處。無見，即是無所有處。非有非無見，非想非非想處。是無見應當捨離，何以故？非想非非想雖細尚應捨離，何況無所有處？作是念已，離無所有處。」

問曰：「如佛法中亦有空無所有，若是為實，云何言邪見應當捨離？」

答曰：「佛法中為用破著故說，不以為實，無所有處謂為是實，邪見愛著故。是中眾生受定果報已，隨業因緣復受諸報，以是故應捨。名雖相似，其實各異。復次，行者作是念：『一切想地皆麁可患，如病、如癰、如瘡、如箭，無想地則是癡處，今寂滅微妙第一處，所謂非想非無想處。』如是觀已，則離無所有處想地，即入非有想非無想處。」

問曰：「是中為有想為無想？」

答曰：「是中有想。」

問曰：「若有想者，何以但下七地名為想定耶？」

答曰：「此地中想微細不利，想用不了故不名為想，行者心謂是處非有想非無想，是故佛隨其本名，說是名非有想非無想處。鈍根者，不覺是中有四陰，便謂涅槃安隱之處，生增上慢，壽八萬劫已還墮諸趣。是中四陰雖微深妙，利根者則能覺知，覺知已患厭作是念：『此亦和合作法，因緣生法，虛誑不實，如病、如癰、如瘡、如箭，無常、苦、空、無我，亦是後生因緣，應當捨離。』以其患故，當學四諦。」

問曰：「捨餘地時，何以不言學四諦？」

答曰：「前以說如病、如癰、如瘡、如箭，無常、苦、空、無我，便為略說四諦，但未廣說。復次，餘地無遮無難，凡夫有漏道亦能過故，而此世間之頂，唯有聖人學無漏道乃能得過。譬如繩繫鳥腳，初雖得去繩盡攝還。凡夫人亦如是，雖過餘地魔王不以為驚，若過有頂之地魔王大驚，如繩斷鳥去。以是故，離餘地時不說四諦，有頂地是三界之要門，欲出要門當學四諦。」

問曰：「云何為四諦？」

答曰：「苦諦、集諦、滅諦、道諦。苦有二種：一者、身苦，二者、心苦。集亦二種：一者、使，二者、惱纏。滅亦二種：一者、有餘涅槃，二者、無餘涅槃。道亦二種：一者、定，二者、慧。復次，苦諦有二種：一者、苦諦，二者、苦聖諦。苦諦者，惱相故，所謂五受陰，名為苦諦。苦聖諦者，以知見故修道，是名苦聖諦。集諦有二種：一者、集諦，二者、集聖諦。集諦者，出生相，所謂愛等*諸煩惱，名為集諦。集聖諦者，以斷故修道，是為集聖諦。滅諦有二種：一者、滅諦，二者、滅聖諦。滅諦者，寂滅相，所謂四沙門果，是名滅諦。滅聖諦者，以證故行道，是為滅聖諦。道諦有二種：一者、道諦，二者、道聖諦。道諦者，出到相，所謂八正道，是名為道諦。道聖諦者，以修故行道，是為道聖諦。

「復次，諦有二種：總相、別相。總相苦者，五受陰；別相苦者，廣分別色陰、受、想、行、識陰。總相集者，能生後身受；別相集者，廣分別愛等諸煩惱及有漏業五受陰因緣。總相滅者，能生後身愛盡；別相滅者，廣分別八十九種盡。總相道者，八聖道；別相道者，廣分別從苦法忍乃至無學道。若不通達四諦者，則輪轉五道，往來生死無休息時。以是因緣故，行者應念老、病、死等一切苦惱，皆由有身。譬如一切草木皆從地出，如經中說十方眾生所以有身，皆為受苦故生。譬如毒食，若好若醜皆為殺人。若無身心者，死苦則無所寄。如惡風摧折大樹，若無樹者則無所壞。如是略說身心受苦之本，如虛空風之本，木是火之本，地是水之本，身是苦之本。

「復次，如地常是堅相，水常為濕相，火常為熱相，風常為動相，身心常為苦相。所以者何？以有身故，則老病死、飢渴、寒熱、風雨等苦常隨逐之；以有心故，憂愁、怖畏、瞋惱、嫉妬等苦常隨逐之。若知現在身苦，過去苦亦爾。如現在、過去身苦，未來亦爾。譬如見今穀種生穀，比知過去、未來亦皆如是。又如現在火熱相，比知過去、未來火亦熱如是。若無身心，前則無苦，今亦無苦，後亦無苦。當知三世苦痛，皆從身心而有，是故應觀苦諦。如是心生厭患，是苦因緣，唯從愛等諸煩惱生，非天、非時、非自然，亦非無因緣。若離煩惱則不有生，當知世間皆從愛等煩惱生。如人造事皆欲以為先，以是故，諸煩惱是苦因緣。

「復次，由愛水故受身，若無愛水則不受身，如乾土不能著壁，以水和之則有所著。復次，因諸煩惱是故受身種種不同，如多欲者受多欲形，多瞋恚者受多瞋恚形，多癡者受多癡形，煩惱薄者受薄煩惱形。見今果報異故，知昔因緣各別，來世隨煩惱受身差別亦如是隨業受身，若不為瞋恚，則不受毒蛇形，一切餘形亦如是。以是故，當知愛等諸煩惱一切苦因緣，苦因緣盡故，則苦盡涅槃。涅槃名離欲，斷諸煩惱，常不變異，是中無生、無老、無病、無死，無愛別離苦、怨憎會苦，常樂不退。行者得涅槃，滅度時都無所去，名為寂滅。譬如然燈膏盡則滅，不至諸方，是名滅諦。

「得涅槃方便道，定分有三種，慧分有二種，戒分有三種。住是戒中修行定慧，所謂於四諦中慧能決了，是名正見；隨正見覺法發起，是為正思惟，是名慧分二種。正定、正念、正精進，是名定分三種。正語、正業、正命，是名戒分三種。住淨戒故，諸煩惱芽不令增長，勢力衰薄，如非時種芽不增長。諸煩惱力來，定分能遮，如大山堰水，水不能破壞。譬如呪術能禁毒蛇，雖復有毒不能害人，定分亦如是。慧能拔諸煩惱根本，如夏水暴漲，岸上諸樹無不漂拔。行此三分八道真直正路，能滅苦因，畢竟安隱常樂無為。

「若方便初習其門，則有十事：一者、心專正，種種外事來壞不能移轉，如四邊風起山不傾動。二者、質直，聞師說法不見長短，心無增減隨教無疑。譬如入稠林採木，直者易出曲者難出，如是三界稠林，直者易出曲者難出，佛法中唯直是用，曲者遺棄。三者、慚愧，是第一上服最妙莊嚴，慚愧為鉤制諸惡心，有慚有媿真為是人，若無慚媿畜生無異。四者、不放逸，一切善法之根本，如世間放逸失諸利事，行者放逸失涅槃利。當知放逸如怨如賊，心常遠離；當知不放逸如君父師長，應遵承不捨。五者、遠離，因此遠離成不放逸，若近五欲諸情開發，先*當身離聚落，次心遠離不念世事。六者、少欲，資生之物心不多求，多求故則墮衆惱。七者、知足，有人雖復少欲，樂著好物則敗道心，是故智者趣足而已。八者、心不繫著，若弟子檀越知識親里，若問訊迎送多營多事，如是等者毀敗道故不應繫著。九者、不樂世樂，若歌舞伎樂，良時好日選擇吉凶，一切世事悉不喜樂。十者、忍辱，行者求道時，當忍十事：一、蚊虻侵害，二、蛇蚖毒螫，三者、毒獸，四者、罵詈誹謗，五者、打擲加害，六者、病痛，七、飢，八、渴，九、寒，十、熱。如是惱事，行者忍之莫令有勝，常勝此事。

「復次，如人識知病相，知病因緣，知除病藥，得看病人，隨意所須不久當差。行者如是，知實苦相，知苦因緣，知苦盡道，知得善師同學，如是不久得安隱寂滅。」

問曰：「以得非想非非想處入深禪定，唯有上地結使微薄，心已柔軟，不應種種因緣、種種譬喻觀是四諦，似若不信！」

答曰：「非但為有頂者說，總為一切有頂之人，但觀無色界四陰無常、苦、空、無我，如病、如瘡、如箭入心，無常、苦、空、無我，皆是因緣虛誑作法，觀涅槃上妙安隱快樂，非為作法真實不虛，滅三毒三衰身心苦滅。常呵四陰及其因緣，則名苦諦、集諦。讚歎涅槃及涅槃道，是名盡諦、道諦。

「行者得四禪、四無色定，心已柔軟，若求五神通，依第四禪則易得，若依初禪、二禪、三禪雖復可得，求之甚難得亦不固。所以者何？初禪覺觀亂定故，二禪喜多故，三禪樂多故，與定相違。四如意分皆是定相，唯第四禪無苦無樂、無憂無喜，無出入息，諸聖所住，快樂安隱，是故行者當依第四禪修四如意分，所謂欲定行法成就如意，精進定、心定、思惟定行法成就如意，依是住者無事不得。」

問曰：「云何欲定行法成就如意？」

答曰：「欲名欲於所求之事，定名一心無有增減，行法名信念巧慧喜樂等助成欲定，因欲為主得定故名為欲定，精進定、心定、思惟定亦如是。行者觀欲，莫令有增有減，莫令內多攝、外多散，柔軟平等調和堪用。猶如彈琴，調其緩急隨作*歌曲，精進心思惟亦爾。如行者學飛，欲飛是名欲，攝諸散心集助行法是名精進，心能舉身離身心麁重睡掉等，心則輕便，以心輕故能舉其身，是名心。籌量欲、精進、心多少能舉身，未能壞內外諸色味，是名思惟。依四如意分能具足一切功德，何況五通！」

問曰：「五神通何者先生？」

答曰：「隨所樂者為先。」

問曰：「若爾者何以變化神通在初？」

答曰：「五神通多為衆生，所以者何？如慧解脫阿羅漢，既得阿羅漢，作是念言：『有衆生多鈍根者，不信道事輕慢佛法，我得難事漏盡神通，如何不起神通教化衆生而令墮罪。又佛大悲利益衆生，我為弟子，應以神通助益衆生。』然諸衆生多以現事而得利益，神變感動貴賤大衆無不傾伏，餘通無有是者，以是故變化神通在初。」

問曰：「天身火大多故，身有光明，亦能昇虛疾去。鬼神風大多故，身則輕疾，無所觸礙。龍身水多故，心念生水，亦能變動。人身地大多故，輕動相少，云何能飛？」

答曰：「以人身地種輕動相少故，求學神通，如天、如神何用通為？如地雖重，以水力故地則為動，如是心力故能舉其身。譬如獼猴從高墜落而不傷身，人墮則傷，以獼猴心力輕疾強故無損，當知身通如是，心力強故。又如人能浮，雖在深水而不沈沒，心方便力故能持其身。以是故，當知人身雖重，心力強故身飛虛空。」

問曰：「如是可信，云何當學？」

答曰：「若行者住於第四禪，依四如意分一心攝念，觀身處處虛空如藕根孔，取身輕疾相，習之不已。身與心合，如鐵與火合，滅身麁重相，但有輕疾身，與欲、精進、思惟及助行法合，欲等善行力故，身則隨逐，如火在鐵輕軟中用。又復色界四大造色，在此身中與身和合，令身輕便隨意能去。如人服藥，令心了了，身則輕便。譬如色界四大造色明淨，在此身故眼則明淨。如人學跳，習之轉工絕於餘人，如鳥子學飛漸漸轉遠，身通如是。初得之時，或一丈二丈，漸能遠飛。是變化神通有四種：一者、身飛虛空如鳥飛行，二者、遠能令近，三者、此滅彼出，四者、猶如意疾。彈指之頃有六十念，一念中間能越無量阿僧祇恒河沙國土，隨念即至。用是神通身得自在，一身能為多身，多身能為一身；大能為小，小能為大；重若須彌，輕如鴻毛，如是等所作如意。

「復次，菩薩得是身通，一念之頃度恒河沙國土，然眾生見菩薩到彼，而菩薩不動於本處於彼說法教化，此亦不廢。或有天人著常顛倒，可以神通度者，現燒三千大千國土，而眾生見三千大千國土焚燒破壞，而國土無損。有眾生心生憍慢，現作手執金剛杵，從金剛中出火，見者怖畏，歸伏禮敬。有人樂著轉輪聖王身，即現轉輪聖王而為說法，或現釋提桓因，或現魔王，或現聲聞、辟支佛，或現佛身，隨所樂身而為說法。菩薩或復在虛空中結加趺坐，從身四邊悉放種種光明而為說法。或時衆生樂雜色莊嚴，即為現三千大千國土，七寶莊嚴幢幡華蓋、百種伎樂，處中說法。或令三千大千國土為一海水，青蓮紅華覆蓋水上，於上說法。或坐須彌山上，以梵音聲說法，普聞諸國。或時衆生不見其形，但聞說法之聲。或作乾闥婆身，伎樂音聲令其心悅，然後說法。或現龍王雷電霹靂，而以說法。如是種種因緣方便而現神變，開引衆生。」

問曰：「是神通變化諸物，云何而不虛妄？」

答曰：「行者先知諸法虛誑，如幻如化，譬如調泥隨意所作。如福德之人，尚能夏有雪、冬生華、河不流；又如仙人瞋怒，令虎狼師子變為石身，何況神通定力而不變物？復次，一切物中各有氣分，取其分相神力廣之，餘者隱沒。如經說有比丘神力心得自在，見有大木欲令為地，即皆是地。所以者何？木有地分故。若水、火、風亦如是，若作金銀種種寶物，隨意悉作。何以故？木有淨分故。」

問曰：「物變如是，化無本末，其事云何？」

答曰：「有言虛空中四大所造微塵，化心力故令諸微塵合成化人。譬如人死，或生天上，或生地獄，罪福因緣故，和合微塵為化亦如是等是物變化神通相。

「若行者欲求天耳，亦以第四禪為本修四如意分，如上所說，調柔其心，屬念大眾音聲，取種種聲相，所聞之聲常當想念，若心餘緣攝之令還，常當一心修念，即於耳中得色界四大所造清淨之色，是名修習天耳。以是天耳聞十方無量國土音聲，所謂天聲、人聲、龍聲、阿修羅聲、乾闥婆聲、栴陀羅聲、摩睺勒聲及畜生餓鬼之聲，地獄苦痛麁細大小音聲等，皆悉聽聞。菩薩定心轉深，乃聞十方諸佛音聲，從佛聞法而不取相，以法為真法為最上，而依深義不依於語。云何深義？所謂知諸法空、無相、無作，不生邪見，於義亦不得義，不可得中亦無得相，是依深義不依語言。

「復次，行者依了義經，不依非了義經。了義經者，若能依義，一切諸經皆是了義，義畢竟空不可說相故，是以諸經皆是了義。若不依義，是人於諸經皆不了義。所以者何？以無深智隨逐音聲故，是音聲實相亦入深義，俱不可說，是名分別了義經、不非了義經。

「復次，行者依智而不依識。何以故？行者知是識相從因緣和合生，無有自性，無色、無對不可見，無知、無識虛誑如幻。如是知識相，識即為智，是故依智而不依識。行者雖復生識，若識、若智而不生著，知識如相，識即為智相，以是智相為衆生說。

「復次，行者依法不依人。何以故？若佛法中實有人者，無有清淨得解脫者，而一切法無我、無人，但隨俗故說有人、有我，以是故行者依法不依人。所謂法者諸法之性，法性者無生性，是無生性者畢竟空，是畢竟空者不可說者是。何以故？以語說法，法中無語，語中無法，語則是無語相，一切語言非語言相，以是故經說無示、無說是名佛法。行者以天耳聞諸佛法，若人、若法不生著見。若分別二相，非為佛法；若無二相，則是佛法。行者依止天耳力故，聞甚深之法以教化衆生，是名天耳神通。

「若行者欲得他心智，先自觀心，取心生相、住相、滅相，亦知心垢相、淨相、定相、亂相等。復觀心所緣垢淨近遠多少等，自取內外心相已，然緣觀眾生色，取欲相心、瞋相心、慢相心、慳相心、嫉相心、憂相心、畏相心、語言音聲種種所作相心等，作是念：『佛如我心生時、住時、滅時，彼亦如是。自知心所緣，他亦如是。我心有如是色相、語言所作相，他亦如是。』常修學心相，如是習已，得他心通。是時，但緣他心心數法，如明眼者觀淨水中魚，有大小好醜悉皆見之，雖有水覆以水淨故不以為礙。行者如是知他心通力故，眾生雖身覆心而能見之。

「既得心通，或時在大眾說法，先知其心，知是眾生以何深心行何法？何因緣？有何相？喜何事？知自心清淨故，知眾生心亦可清淨。如淨鏡中隨所有色，若長、若短、方圓麁細等，如本相現不增不減。所以者何？鏡清淨故。鏡雖不分別，而顯其相，行者亦如是，自心清淨故。諸法無一定相常清淨故，眾生心心數法皆悉知之。若眾中多婬欲者，即知其心，為說離婬欲法。恚、癡亦如是，何以故?心實相無染、無瞋、無癡。若衆中求聲聞乘者，亦知其心而為說法;雖為說法，知法性亦無有小。求辟支佛道者，亦知其心而為說法;雖為說法，知法性亦無有中。若求大乘者，亦知其心而為說法;雖為說法，知法性亦無有大。行者如是，等隨衆生心而為說法，亦不分別心相;雖分別三乘說法，而不壞法性。不壞法性故，悉知一切衆生心所行。雖自用心知他心，於彼此心無逆、無順，亦知一切衆生心心相續如水流。如知心性，法性亦如是，以他心智知衆生心而為說法，則不害也，是名知他心智神通。

「若行者欲知宿命，先自覺知今所經事、向所經事，轉至昨夜、昨日、前日，如是一月，從今歲乃至孩童。譬如行道到所至處，思惟憶念所經遊處，如是習已，善修定力故，憶念生時，處胎時，知某處死、此胎生，知是一世、二世、三世乃至百世、千萬無量億世。以宿命智自知己身，及他恒河沙劫所經由事悉皆念知，以宿命事教化衆生，作如是言:『我某處如是姓字，如是生，如是壽命所經苦樂。』亦說彼所經之事。行者以宿命力故，知是衆生先世罪福因緣，所謂種聲聞因緣、辟支佛因緣、佛因緣，隨其因緣而為說法。

「復次，行者宿命智力故，自知從諸佛種善根不迴向阿耨多羅三藐三菩提，今當迴向阿耨多羅三藐三菩提。行者亦知過去諸法滅時無所去，知未來世諸法生時無所從來。雖知過去世無始，不生無始見。雖觀未來世眾生滅入涅槃，亦不生邊見。行者念宿命時，增益諸善根，及滅無量世罪因緣。何以故？知一切法無新相、無故相，得如是智慧已，觀一切有為法及所經生死苦樂如夢中所見，以是故，於生死中心不生厭，於一切眾生而起悲心，知一切法皆是作相。作是念：『如我千萬億無量劫往來生死，皆為虛妄非實，一切眾生來往生死皆亦如是。若無四大、四陰者是則為實，四大、四陰亦畢竟不生。』復次，行者以宿命智憶念，曾為轉輪聖王，所受之樂無常磨滅，釋提桓因樂亦無常磨滅，有諸國土清淨莊嚴，及諸菩薩諸佛上妙之色，轉於法輪皆悉無常，何況餘事？念如是已，心厭遠離。行者依宿命智入無常空，觀一切諸法皆空無常，而眾生顛倒故著，為是眾生故而生悲心。行是悲心，漸漸得成大悲，得大悲已，十方諸佛念是菩薩讚歎其德，是名宿命神通。

「若行者欲求天眼者，初取明光相，所謂燈火明珠、日月星宿等，取是明相已，若晝日則閉目，夜則無在念上明相如眼所見。常修習明念，繫心在明不令他念，若去攝還心得一處。是時，色界四大所造清淨之色在此眼中，是眼名天，以天四大造故名為天眼。又諸賢聖清淨眼故，名為天眼。

「行者得是天眼已，諸山樹木鐵圍須彌及諸國土，都無障蔽。以無礙眼，能見十方無量阿僧祇諸佛及莊嚴國土。爾時，行者能知一切佛為一佛，又見一佛為一切佛，以法性不壞故。如見佛相，自見身相亦如是。自身相淨故，一切法相亦如是。如見佛清淨弟子亦爾，無有二相。及十方無量國土眾生，若地獄、畜生、餓鬼、人、天，除無色者，生死好醜，皆悉見之。皆知十方六道眾生業因緣及果報，是眾生以善業因緣故生天人中，是眾生以不善業因緣故生三惡道中。行者於天眼中得智慧力故，雖見眾生不生眾生想，一切法無眾生想故；雖見業及果報相續，亦入一切法無業無果報中；雖天眼見一切色，以智慧力故，亦不取色相，是

五門禪經要用法

五門禪經要用法

大禪師佛陀蜜多　撰
宋罽賓三藏曇摩蜜多譯

坐禪之要法有五門：一者、安般，二、不淨，三、慈心，四、觀緣，五、念佛。安般、不淨二門、觀緣，此三門有內外境界，念佛、慈心緣外境界。所以五門者，隨衆生病，若亂心多者，教以安般；若貪愛多者，教以不淨；若瞋恚多者，教以慈心；若著我多者，教以因緣；若心沒者，教以念佛。

若行人有善心已來，未念佛三昧者，教令一心觀佛。若觀佛時，當至心觀佛相好，了了分明諦了已，然後閉目憶念在心。若不明了者，還開目視極心明了，然後還坐，正身正意繫念在前。如對真佛明了無異，即從座起跪白師言：「我房中係念見佛無異。」

師言：「汝還本坐，係念額上，一心念佛。」

爾時額上有佛像現，從一至十乃至無量。若行人所見多佛從額上出者，若去身不遠而還者，教師當知此是求聲聞人；若小遠而還者，求辟支佛人；若遠而還者，是大乘人。三種所出佛還近身，作地金色，此諸佛盡入於地，地平如掌明淨如鏡，自觀己身明淨如地，此名得念佛三昧境界。得是境界已白師。

師言：「是好境界，此名初門觀也。」

師復教係念在心，然後觀佛。即見諸佛從心而出，手執琉璃杖，杖兩頭出三乘人，光焰有大小。如是出已，末後一佛執杖在心，正立而住。末後住佛迴身還入，先去諸佛，盡來隨入。若小乘人入盡則止，若大乘人入盡已，悉從身毛孔出，滿於四海，上至有頂，下至風際。如是照已還來入身，如淨琉璃。所以光明還來入身者，欲示勇猛健疾境界相好。如是已即往白師。

師言：「此名一切念處，以能生諸定故名為念處。亦初得此法，皆是諸佛弟子所得，非是邪道神仙所見。上杖者，定相也，相光者，智慧相也，此內凡夫境界相也。」

師復更教言：「汝從今捨前二觀，係心在齊。」即受師教，一心觀齊。觀齊不久，覺齊有動相，諦視不亂，見齊有物，猶如鴈卵，其色鮮白。即往白師。

師言：「汝更視在處。」

如師所教，觀已有蓮花，琉璃為莖，黃金為臺，臺上有佛結跏趺坐。第一佛齊中復有蓮花出，上復有佛結跏趺坐。如是展轉相出，乃至大海，海邊末後第一佛，還入第二佛齊，第二佛還入第三佛齊，如是展轉還入，乃至人齊佛。令為一一佛入行人齊中已，行人自身諸毛孔，遍出蓮花滿虛空中，猶如垂寶瓔珞，如是出生見諸蓮花盡入齊。行人爾時身體柔軟輕悅，自見己身明淨如雜寶色。即以所見白師。

師言：「大善！汝好用心觀此身成定相也。」

師教言：「更觀齊中。」

即如教觀，見頂有五色光焰。見已白師。

師言：「更觀五光，有五瑞相。」

如教觀已，見有一佛在光明中結加趺坐。更觀五光中佛有何瑞相？即見佛口中種種蓮花出，出已遍滿大地。更令觀五光中佛，一見佛齊中有五師子出。師子出已，食所出諸花已，還入五光中佛齊中。師子入已，五光及佛即從頂入，此名師子奮迅三昧定相也。

行人復觀，光入佛身已，行人身作金色。見金色已，見齊中有物，圓如日月白而明淨。見已白師。

師言：「更觀。」

即見佛出，滿腋下及腰中有佛出，凡四佛出。四佛出已，見四佛身，一一佛出無量圓日光，日光甚明淨。因諸日光，見四天下色，上至有頂，下至風際，悉皆明了，如見掌中無所罣礙，此名白淨解脫境界也。見如此已，還見四佛隨出處還入。四佛入已，復見白焰諸光，前入後出，後入前出，左入右出，右入左出。如是四種出入竟，見自身明淨，及水四邊圓滿淨光，此為名明淨境界。見此光已，名成念佛三昧，在四禪中。

不淨門行者，善心來詣師所。未受法時，師教先使房中七日端坐。若有緣者，覺身及齊有瞤動相，自見己身，明了左足大指爪上有白露如珠。行者從座起，以所覺白師。師教行人行、住、坐、立相。其人內境界多者，視占極高遠，知緣外多；若一心徐步，視占審諦者，知緣內。若外緣者，教觀塚間死屍。見已還來在房中坐，自觀己身念骨，若三日不失。次觀房中諸人，漸漸令見白骨，次第相續至於大海。以何相故到大海？緣見水波源，一切骨人及己身盡著瓔珞。復見大水來灌其頂，滿於己身。滿己身已，令從足指出成血河，此名為厭患三昧也。

復專念前見一切臥，唯有身在，以白師。師言：「汝自觀分為五分。」所以為五分者，欲知內覺外覺為驗，身若能壞作五分了者，即知今則無有我，一一亦無我，心則若住無我定門。若住定時，盡見支節有刀出，諸刀刃皆有明焰出，此名無我智慧境界。

復更係心白骨，自見骨上有明星出，四邊有金丸。星者，明淨境界，金丸者，智慧境界。二十五，此名白骨境界滿也，於十想中略出白骨相也。行人雖見白骨，於男女色故生愛心，欲除愛者，應觀三十六物。若觀時，應係心額上。係心不久，見有明珠於額而現在前，不令墮落，為心堅住故。所以有此相者，現法流出故。如是不久，教令放已入地，入地已隨而觀之，明淨而下。過於地界，所以知者，自見己身及處處見凍凌。過於風界，所以知者，身體柔軟。過於水界，所以知者，自見己身及處處有水，上有泡出。若到風界，所以知者，自見己身猶如虛空珠，若尋空還來，明淨光明隨珠而來。珠若出已入行人齊中，入已見三十六物明了無礙，行人爾時得男女相定滿白骨觀法。」

白骨觀者，除身肉血筋脈都盡，骨骨相拄白如珂雪，光亦如是。若不見者，譬如癩人，醫語其人家：「若令飲血，色同乳者，便可得差。」家中所有悉令白，作白銀器盛血，語言：「飲乳此病必差。」病言：「血也。」答言：「白物治之。汝豈不見家中諸物悉是白物?罪故見血，但當專心乳相，莫念是血也。」如是七日便變為乳。何況實白而不能見!即見骨人。骨人之中，其心生滅相續如綖貫珠，如是所見及觀外身亦復如是。若心故住精進不廢，如鑽火見烟，穿井見泥得水不久。若心靜住開眼見骨，了了如水，澄清則見面像，濁則不見。

觀佛三昧佛為法王，能令人得種種善法，是故坐禪之人先當念佛。佛者，能令人無量罪微薄，得諸禪定。至心念佛，佛亦念人。為王所念，怨家債主不能侵近;念佛亦爾，諸餘惡法不能嬈亂。若念佛者，佛不在世，云何憶念?人之自信，無過於眼，當觀好像，如見真佛無異。先從肉髻眉間白毫，下至於足，復至肉髻，相相諦觀，還於靜處閉目思惟，係心在像使不他念。若有餘緣攝之令還，心自觀察，如意得見，是為得觀緣定。當作是念:我亦不往，像亦不來，而得見者，由心定想住也。

得觀佛定已，然後進觀生身，便得見之，如對面無異也。人心馳散多緣惡法，當如乳母看視其子，不令作惡。若心不住，當自責心，老病死苦常來逼切。若生天上著於妙欲，無有治心善法，若墮三惡，苦惱怖懅，善心不生，今於此身當至心念佛。復作是念言：生在末世，法欲滅盡，猶如打鼓開門放囚，鼓聲漸止，門閉一扇，豈不自知不求出獄也？過去無始世界生死已來，所更苦惱萬端，今始受法未得成就，無常死賊常來侵害，經無數劫生死之苦。如是種種責心令住於相，坐臥行步常得見佛，然後更進生身。得禪定已，展轉則易生身觀。

法身觀者，既以觀像心隨想成就，斂意入定即便得見。當因於像以念生身觀云，如坐於菩提樹下光明顯照相好奇特，又如鹿野苑中為五比丘說四諦法，又如耆闍崛山放大光明為諸大衆說般若時。隨用一處，係念在前不令外散，心想得住即便見佛，舉身快樂貫徹骨髓。譬如熱時得清涼池，寒得溫室，世間之樂無以為喻。法身觀者，已於空中見佛生身，當因生身觀內法身，十力、四無所畏、十八不共法、大慈大悲無量善業。如人先見金瓶，後觀瓶內摩尼寶珠，所以法身真妙神智無比，無近無遠無難無易，無量世界悉如目前，無有一法而不知者，一切諸法無所不了。是故行者當常專念，不令心散，若念餘緣攝之令還。

復次，一切命過者，知當死時先失諸根，如投火坑，發聲至梵天，甚大怖畏無過死賊，唯佛一人力能救拔，與種種人天涅槃之樂。復次，一切諸佛，世世常為一切衆生故，不惜身命，如釋迦文佛為太子時，出遊觀看見一癩人，即勅醫言：「當須不死，人血飲之，髓塗之，乃可得差。」太子念言：「是人難得，設使有者，復不可害，一差一死。」即便以身與之令治。佛為一切衆生，亦復如是。佛恩深重，過於父母，假使一切衆生悉為一分，二分之中當念佛，不應餘念。如是種種功德，隨念行事，若此念成斷除結縛，乃至可得無生法忍。若於中間諸病起者，隨病服藥。若不得定，六欲天中豪尊第一，業行所致，宮殿自隨，或生諸佛前，無不定也。如人藥和赤銅，若不成金，不失於銀也。

觀十方諸佛法

念十方佛者，坐觀東方廓然大光，無諸山河石壁，唯見一佛結加趺坐，舉手說法。心明觀察，光明相好晝然明了，係心在佛不令他緣，心若餘念攝之令還。

如是見者便增十佛，既見之後，復增百佛、千佛，乃至無邊身，近者則使轉遠轉廣，但見諸佛光光相接。心明觀察得如是者，迴想東南，復如上觀。既得成已，西、北方、四維、上下亦復如是。既向方方皆見諸佛已，當復一時並觀十方諸佛，一念所緣周遍得見。定心成就者，於定中見十方諸佛皆為說法，疑網悉除，得無生忍。若有宿罪因緣不見諸佛者，當一日一夜六時懺悔，勸請隨喜，漸自得見。縱使勸請，不為說法，是人心快樂身體安無患也。

初習坐禪法

先教注意觀右腳大指上見洪脹，以意發抓却之，令黃汁流，如膿血出，肌肉爛盡已，唯見白骨，盡見應廣教骨觀。若見滿一天下者，宜教大乘；若見近者，宜教小乘。教注意觀鼻頭，憶想人身肌肉皆是父母精氣不淨所成。次觀齒白，人身中唯此白骨耳。若見齒長，若額上白者，即觀骨令身皆白，遠近如上。此人隨根深淺，若教時不能卒見白骨者，教如常九想觀，令一月一秋修習，要見白骨乃前。若見眾生教觀慈心，觀法教熟，觀白骨。若見餘物，當語前人：此亦好耳，且置是事，但觀白骨。前當若久觀白骨，云我身中覺煖，教令續觀，見煖覺已安隱和悅者，此是煖法。次當教以意解白骨，令節節解散，若見餘物，當令且置，但觀白骨解離。久久觀之，若言我頂上火出，教令更觀。云我常見頂上火出，身中安樂無有亂想，此是頂法。

次教注意令骨白淨已，分散飄落在地，如雪在地或如爛土，其上或有白光種種異物，教更觀之。若言續見如是身中快樂，當語：「汝本時所愛人，試憶念與作世事。」彼觀已言：「我憶念人見之，但變作膿血不淨，甚可惡見。」次教觀身如草束或如空韋囊，若言我見自身如乾草束或如空韋囊，有火燒盡乃無有我。教令更觀：「汝意起時，從何處起？滅時從何處滅觀之？」觀者要言：「我見卒覺起時從意起，滅時鼻頭滅，鼻頭滅時身中和靜，不覺有我了了分明。」教觀頂上，言我見身長大，頂上出水滿於身中，令其極滿齊中出之，流在前地。水出既盡，教更重下水令身麁大。若言我見身大，水滿其中，出之水成大池，教以酥灌頂令入身中。若言我以酥灌頂*使身廣大，教諦觀之。若言觀須臾之間見皮火起，火便熾然滿身中，以水滅之令火滅盡，快得穌息，教係意觀池。答言：「我見池中自然有樹，樹生甘果。」

見此果已，若有衆生來飢餓求索，觀者見之，教即起慈，便自觀身。若言我觀自身盡膿血流出在地，衆生見之，便取食之。食之既足，各四向而去，教自觀身及觀他身。若言便見衆多餓鬼來在身邊，飢餓所逼命如絲髮，即教以慈心以身施之。若言我以身施之令得充足，教復更觀。若言我見無數衆生遶身四邊，若見此事應教自觀身。若言我自見身不淨膿血，在地衆生見之便取食之。既飽足已，教令諦觀，我見忽然火起，燒諸罪人及其己身，在池水所有悉已都盡，復教諦觀見處。若言我見衆生及池中水己身悉平復如故，觀衆生及其己身。若言我見自身乳出流下，在地衆生見之不能得食，由罪重故，教以慈心觀。若言我須臾之間乳化為膿，衆生飢急便食之，既飽足已，便見腳底火然燒諸衆生，忽然滅盡。行人見此事已，應教自發願，更不受生，教尋觀前池。

若言我觀見水池，池中蓮花樹枝葉茂盛，見此事已，自身入水叢樹邊坐，自觀身中火出滿於池中，須臾之頃忽然火起，自燒己身及衆生，池水都盡，尋教更觀。若言我見池中忽然樹生，枝葉茂盛出生甘果，行人見之向樹食果，既飽足已，身心明淨安隱快樂，教淨觀此池及其己身。若言須臾之間都已乾枯，行者見此破壞之相，心懷怖恐即來白師，師應教身為苦本觀，令觀身使如泡沫。若言我見自身如泡沫及身出骨，出已便以手摩如麵，平以為地，尋復教觀令身如氣囊。若言我自觀如氣囊，即變骨出其骨微細，摩以塗地其地青色，復教觀身。若言我觀自身微塵及身出骨，其骨絕黑，摩以為地，教自觀身及觀於地。答言：「我觀其池蛇出，身赤如火，蛇來逼身，便變為火，自燒其身。如是七反，座中自然有水灑之，蛇身即滅。」教復還觀身及觀於地。若言我觀須臾之間自然光出，高大明好，尋復觀身。若言我覺和適，心意快樂，無有懈息，自然光來遍身滿七反，教自觀身。若言我便自見頂上有光，似如雲蓋其色如銀，具足此事應於初道，亦名觀火竟。

次觀水大。教令觀身中何處有水，若言身中盡是水，教令更觀。若言我見水眼中現者好，若不著汝觀頭已上，水何處出？若言我見水從眼中，復不墮地，眼如水沫，頭中亦滿，師當問：「汝見水何似？出時悉有何相？」答言：「我見頭中不溫不冷大好。」若言水溫，當知非真，復教更觀。要令水不溫不冷，乃是真相。教觀咽胸已，下至腹中令見水滿，但莫令入臂腳中，水要頗梨色，若覺水溫，爾乃是真，餘者非真也。次觀身中通臂腳，若言我見皆皮囊者相，又見水滿中舍及床座處，是水冷者，爾乃是真，餘者非真。若廣見水者，大好。次觀水大從何盡處？若言我見水從我身中消盡，唯有空皮，或如草束，火起燒盡了無有我也。觀水大竟。

次觀火大。教令觀齊四邊何處有火，若言我見齊上火起，或言從鼻中出，或言從口中出，或言眼耳中出者，教令更觀。答言：「我見鼻中五色光出，其狀如絲，身中不溫不冷。」此則一法，教更觀之。若云我見火從頂上出，或言從下道出，教令更觀。云我見火在頭上如雲蓋狀，或言在下如雲狀，身澹愉安隱，此則一法，教令更觀身。云我見火從齊中出，喻如蓮花，其色如金者大好，教令觀身中火。若言我行坐常見火，不但唯坐時也，行時見火，似如人持火行，常在我前大明，乃應他人怪之而他人實不見，而身常溫，此是一法，教更久觀之。云我見大海水其中有摩尼珠，其珠焰出如火，此珠則是一法也。觀火大法竟。

次觀風大。此風大其性細微，非條疏所解，故不出。

此四大是坐禪根本所由處，雖多見餘相，要向此四觀也。

初教觀佛。先教坐定意，不令外念諸緣使人，然後將至好像前，令諦觀像相好分明，然後安坐，教以心目觀此像相好。若言我見像分明，是一事。

教自觀身，令身安坐，教還觀佛。若言我見一佛至十佛悉令明了，是二事。

教令諦自觀身漸安，教還觀佛。若言我見十佛至二十佛明了，是三事。

教自觀身，令身轉安淨，教還觀佛。若言我見二十佛至五十佛明了如前，是四事。

教自觀身，令意轉細，教還觀佛。若言我見五十佛至百佛相好如前，是五事。

教自觀身，令心轉細，教還觀佛。若言我見百佛至千佛明了如前，是六事。

教自觀身，令心轉細，還教觀佛。若言我見二百佛至四百佛明了勝前，是七事。

教自觀身，令心轉細，教還觀佛。若言我見四百佛至八百佛相好轉明，是八事。

教自觀身，令心轉細，還教觀佛。若言我見八百佛至千佛，是九事。

從一佛至千佛，諦觀相好極令分明，還自觀身不淨膿血，即教作不淨觀，若見白骨即作白骨觀，若見苦痛衆生即作慈心觀。若不見此事，還觀一佛至心懇惻，求哀懺悔，是初學家觀佛法，若趣住地應廣觀佛。若言我見一佛至百千萬乃至衆多佛相好明了，是第十事。

教觀自身，令身明淨，教還觀佛，發大誓願心生供養。言我見無量諸佛，於佛前自然有花，便取供養悉令周遍，是十一事。

教自觀身，令身明淨，還教觀佛。若言我如前見已心生歡喜，教至心觀佛，念欲供養。若言我見自然有花樹踊出，上生種種雜色花，自然有人取此好花與我，供養散諸佛上，普使周遍華故不盡，是十二事。

次教於佛邊坐，自觀己身極令明淨，還教觀從東方始，令意東行見無數佛，意乃疲息，是十三事。

教前境界次東行，若言我意東行，見無數佛滿於虛空無有邊際，意疲乃息，復更旋意東行，要有限礙乃住，南、西、北方亦復如是，是十四事。

教令自觀身中支節，悉已明了。若言我見者，教還觀佛足下。若言我見佛足下雜光明，然後還至四方，一切諸佛悉在光上蓮花中，是十五事。

教發觀佛，喜心諦觀足下。若言我見佛足下光出至於大地，無有邊際，教乘此光觀。若言我見苦痛衆生無量無邊，光所照處悉皆安樂，是十六事。

教觀自身，令復轉明淨，教觀一佛齊中。若言我見佛齊中光出遍至四方極遠之處，一切諸佛悉上光住，是十七事。

教尋光觀。若言我見無量人於光中現悉受決樂，是十八事。

教自觀身，令極明淨，教還觀一佛兩乳。若言我見佛兩乳中自然光出遍至四方，一切諸佛悉在光上，是十九事。

教尋光觀。若言我見此光中有無量人悉受快樂，是二十事。

教自觀身，見身極明，教還觀一佛眉間。若言我見光從眉間出，大如斗許漸漸奄大，便上向去踊在空中，教令尋光觀為隨何光上，意疲乃息復更尋去。若言我尋去上至無極到光所盡，是二十一事。二十二事本闕。

教尋此花佛從東方始。若言我見光著，有無量細微光皆悉如觀，此光頭盡有化佛滿於東方，中間相去或五步，教續東行觀之。若言我行見無量佛，意疲乃息，教續觀至極遠處，更見餘相，乃至南、西、北方亦復如是，是二十三事。

教自觀身。若言我自見身悉明淨喻如聚光，教令觀佛次第作禮供養。若言我見無量諸佛行列，我持衆花次第灑散供養諸佛悉令周遍，是二十四事。

教令觀此所供養花。若言我見花墮者，在於佛邊便成花帳，行伍次第嚴好微妙悉皆如是，如是一切諸佛悉在帳中坐其床上，是二十五事。

教觀花帳。若言我見花帳漸漸高出踊在空中，合成一蓋覆一切佛，是二十六事。

教觀自身。若言我見自身麁大喻如聚光，教還觀佛次第作禮悉令周遍，仰觀於蓋。若言我見上花蓋中有花臺，下向七寶成中有花下以手承取，教散諸方供養諸佛悉令周遍，是二十七事。

教向佛作禮求願已周，教令至心在於佛邊坐。若言我坐，須臾頃見地自然踊出七寶臺，色妙香好，便取供養一切諸佛，是二十八事。

教自觀身，極令明，教令明，教令於佛邊坐觀所供養花。若言我見此花在佛足下便成琉璃之座，次第行伍，佛坐上，中間道陌悉皆上寶所成，端直無比，是二十九事。

教自觀身。若言我見身中更有小身，兩重而現內見外明淨，教還觀佛。若言我見一切諸佛來入一佛身中而不迫迮，是三十事竟。

觀佛事多，略出*三十事以教行者。

初教慈心觀法，先教懺悔，淨身、口、意，至心懇惻發弘誓願，然後教坐，便心目自觀己身。若言我見自身，便觀他身，若言我見眾生苦痛在前，足下火然成於火坑焚諸罪人，身體膿爛血流成池，高聲大喚苦痛無量，復見四方有城圍遶，是名初事。

教發大願，生憐愍心，諦觀眾生。若言我罪見罪人為火所逼，投膿血池，池中膿血便應變為火坑，燒諸罪人苦痛無量，便共號哭無寧息處，二事。

教令諦觀，莫懷恐怖，誓心救濟，教令人人代之乃至眾多。若言我人人代已，將著坑上，令得蘇息，三事。

教諦觀之。若言我見諸城門中有無量人，來投火坑復受苦痛，代之令出將至所安，四事。

教令諦觀。若言我見諸門中人來不止受無量苦，我以慈心力便以自手捫摸此門，門便破盡四壁盡破，五事。

教以慈觀之。若言我見諸治罪人心生憐愍，下淚如雨以手接取，灑散火坑火尋滅盡，六事。

教更觀之。見火已滅，唯有膿血盛滿大坑，自身出水以著池中，池血消盡其水澄清，七事。

教令諦觀。若言我見池中生大花樹，衆生見此樹便來取之，教令飲之，洗浴令身清淨，八事。

教自上花臺上。若言我上花臺已，見下衆生復欲得上，即挽上之著葉中，其花狹小不相容受，我以手摩令花廣大得相容受，九事。

教自觀身明淨已，若言我並見諸罪人飢餓須食，生憐愍心，即於身邊便有飲食，我便與之，悉令飽足使得休息，諸人皆言離苦得樂，十事。

教令諦觀，花臺增長有數重出。我便尋上至第二重，身安坐已，便喚下人悉上花臺快得安住。我生悲心於是花上所須之物，飲食充飽，我以慈心即為說法：汝由宿世作毒火燒人家種種惡業，今受此報，汝可懺悔滅除宿罪，十一事。

教生善心，復登華臺。若言我已下重諸人亦上，所須與之令無所乏須，復為說法，天上人間五道報應，令心開解，十二事。

教尋花上。若言我已於花上為下重諸人復欲得上，我悉上之。復生喜心，觀此花中，便有自然金銀、珍寶、衣裳、飲食所須之物，悉給與之，天諸伎樂自然而至，隨意所欲，受快樂已便為說法：汝等善心始生果報尋至，封受此果報，十三事。

教增喜心乘華而上。若言已上華臺頭，在下諸人心生歡喜，尋後而上盡華頭，復教觀花。若言我見華頭，我見華頭生大甘果香味具足，告諸人言，樹上有果可取食，便如所言食得充足，皆言快樂，十四事。

教觀華中。若言我見華中有七寶之臺，自然而出，中有經卷名曰智慧，我即宣令一切諸人：此中有經說三乘法，汝可作禮，生恭敬心花香供養。復欲聽法，我便答言：「燒香散花供養已訖。」復欲聽法，我便答言：「我及眾會俱不清淨，如何可聞法者？令身心清淨，即便受教。」我語諸人悉令端坐，閉目一心除諸亂想，我亦如是，須臾之間身盡明淨心意泰然。我即語之：「今當為汝說此妙法，至心聽受，即便受教。」我為說法令得聞法，既聞法已，於上空中有自然光明照此華臺，一切諸人便於四方悉令明淨，此諸人等見光歡喜，身輕踊躍尋光而去，十五事。

教諦觀身。若言我自見身光出，遶身四邊其明轉盛，便自以手推此光明，遠至四方，有無量人尋光來至，我以慈心便給所須，令得充足無所乏少，便為說法令得信解歡喜受行，須臾之頃便踊身空中，徘徊而去，十六事。

教諦觀華臺。若言我見華臺所有悉已去，都不得見四向清淨，於此事中境界亦多，略出所有耳。

續教作慈心觀。先教以慈心自觀己身，見已了了，便教觀苦痛衆生。若言我見四山之中有大地獄，罪人滿中受大苦痛，須臾之頃忽然便有鐵蓋，覆諸罪人令不得現，初事。

教以慈心發大誓願：我當救濟無量苦惱衆生令得解脫，即起慈心坐鐵蓋上，破此鐵蓋。若言我以此手破碎鐵蓋，漸令破盡，便下向觀見諸罪人受大苦痛，有重鐵輪在人頭上，或在身中，或在足下，或大或小，膿血流出苦痛無量，高聲大哭不可堪忍。復見無量治罪之具治諸罪人，苦痛無量不可具說，二事。

復教發誓願，益增悲心觀之。若言我見此罪人，心生憐愍淚下如雨，諸人小得休息，三事。

教修慈心，代諸罪人將著高處便得休息，須臾之間人人如是，四事。

教更觀之。若言我見地獄四邊高壟起中有膿血池，池中四處忽然火起，燒諸罪人，苦痛難忍號哭稱怨。若言我見此事生憐愍心，即於身邊手出清水四向灑之，令火漸滅小得休息，五事。

教令更觀。若言我見山間有無量人來入地獄中，受諸苦痛不可稱計。我見此已心生憐愍，便於池處立柧代諸罪人，將著柧上令得休息，人人如是，六事。

教諦觀之。若言我見諸山間人來不絕受苦不斷，我以慈心力磨滅此山以為平地，七事。

教以慈心，於此池上空中而坐，身出少水澍於池中。若言我於空中坐已，下水澍池中，池中膿血四向出去，其池澄清，須臾之頃於池四面便有火起，燒此膿血悉已都盡，八事。

教以悲心，於池上坐四面諦觀。若言我見鐵輪毒害之具，來至我座下成大臺，諸罪人等各至四方安隱之處，我在臺上見下火起，舉臺然盡火四向去，燒諸四方所到皆盡，九事。

教觀池中。若言我見池中泉水廣大，乃至四方無邊際，中生蓮華漸漸廣大，覆此池上。教在華中便四向觀，見池四邊有無量人欲來趣我，我教洗浴令身清淨，身清淨已，於花葉間便開少分，於下水上住於道陌間，令諸人等悉上花臺，十事。

教觀池四邊。若言我見池四邊便有樓閣自然而出，與華相接，令諸人等趣此樓上，快得休息，各各自言。雖得樂既止息已，便索飲食無以與之，於十指頭出雨，雨花為乳，諸人等悉令足飽，是十一事。

教令觀花臺中。若言我見花臺中更有臺出，及四方樓俱更有重，廣大如前。

我尋上到已，於華葉間便開少分，設諸梯橙上諸人等，復著臺上四向趣樓，隨來處東向，三方亦爾。復加悲心觀此華中，復有自然所須之物，與四方人令其充足，便為說法：是身為苦，無牢強者，皆由宿世犯五逆罪行惡所致，受此苦痛，今可懺悔。尋如所言，即便懺悔，是十二事。

教觀華臺。若言我華臺中更出重樓閣，我便尋上。到已復作梯橙，諸人上已，各各上樓休息已，我於華上便取飲食衣服所須之物，四向與之令無所少，便為說法，無量利益便生信心，受持齋戒悉令奉行，十三事。

教令更觀花臺樓閣。若言我見花臺樓閣如前，生微妙勝前，我與諸人等如前尋上重已，各共上樓，與諸人等便得充足令無所乏，復為說法，即便受教悉得利益，十四事。

教生喜心諦觀花中。若言我華臺中樓閣如前生重，我與諸人悉共上已，我坐華上心歡喜，須臾之頃見花臺樓皆作金色，七寶合成，於上便有無盡寶藏，衣服飲食微細柔軟箜篌樂器，須隨意所欲得充足已，復為說法，皆悉受行，十五事。

教更觀華臺中。若言我已見花臺中有樹踊出，高樓十丈，枝葉茂盛生香美藥。自上樹頭便下向觀，見下樓閣從下破落至五重，諸人惶怖各言苦哉，便尋花上在諸花中，十六事。

教生憐愍救濟諸人。若言於花葉中挽諸人等，上著花頭，便以甘果悉給與之，令無所乏，便為說法教修禪定，滅諸惡身，心得清淨踊躍無量，飛行虛空隨意而去，十七事。

教在花上四方遠觀。若言我見四方有光明雲蓋來趣我身，於時我身復光出與蓋相接，我以手摩令廣大，十八事。

教即尋光從東方始。若言我尋光東行極遠，於此光中見無量人光中而來趣花所，如是尋去到光住處，乃自還來花，教次第行伍，給與衣食所須之物令得充足，便為說法。隨意所應歡喜受行，身輕踊躍飛騰空中隨意而去，南、西、北方亦如是，十九事。

教觀身令廣大，滿於空中極明淨。復明見四方無量人來集身邊，我以慈心令入我身中。入我身中已安止，須臾之頃有自然所須之物，隨意應施與諸人等，令無所乏，各得充足快樂安隱，便為說法無量利益，令得開解隨意而去，二十事。

如是等極多，略受法者說此事耳。

形疾有三品，風、寒、熱病為輕微，心心有三病患體，動有劫數受諸苦惱，唯佛良醫授以法藥，能受行者除生死病，令心決定專心不亂。如人見賊，安心定意牢自莊嚴，賊自退散，亂心惡賊亦復如是。如是言曰血肉雖盡，但皮筋骨在，不捨精進。如人燒身，但欲救火更無餘計，出煩惱苦亦復如是。當忍五事，苦患、飢渴、寒熱、瞋恨等，當避憒鬧樂在靜處。所以者何？衆鬧亂定如入刺林。

四無量觀法

求佛道者當行四無量心，其心無量故，功德亦無量。於一切衆生中，凡有三品：一者、父母親里善知識等，二者、怨賊惡人常欲惱害，三者、中人不親不怨。行者於此三品人中慈心觀之，當如親里，老者如父，少者如子，常應修習如是慈心。人之為怨以有惡緣，惡緣盡還成親，親怨無定。何以故？今世是怨後世成親，瞋恚之惡失大利，失慈心者障礙佛道，是故應於瞋憎怨賊應視之如其親里。所以者何？由是怨賊令我得佛，若使怨賊無惡於我，忍從何生？是則為我善知識，令我得忍辱波羅蜜。於怨賊之中得慈心已，於十方眾生慈心愛念普遍一切，蜎蜚蠕動皆無安者，而起悲心也。若見眾生得今世樂，得生天樂、賢聖道樂而起喜心。不見眾生有苦樂事，不愛不喜以慧自御，雖緣眾生而起捨心。是名四無量心。於十方眾生慈遍滿故名為無量，行者應當修習是心。或時有瞋恚心起，如蛇如火在於身上，即應急除。若心馳散入於五欲，及為五蓋所覆，當智慧精進之力攝持令還，修習慈心，常念眾生令得佛樂，習之不息，便得離五欲，除五蓋。入初禪相者，喜樂遍身，諸善法中生歡喜樂，見有種種微妙之色，是名入佛道初門。禪定福德因緣得上四無量心已，於一切眾生忍辱不瞋，是名眾生忍。得眾生忍已，易得法忍。得法忍者，所謂諸法不生不滅畢竟空相，能信受是法忍者，是名無生忍，得阿耨多羅三藐三菩提記，欲得佛道者，應當如是修習。

求初禪先習如是諸觀，或觀不淨，或觀因緣，或念佛三昧，或安般，後得入諸定。求佛道者，先習四無量心，得入初禪則易。若利根人直求初禪者，觀於五欲種種過患，猶如火坑亦如廁屋，念初禪地如清涼池臺觀等，五蓋則除，便得初禪。如後利仙人初學禪時，道見死屍膖脹爛臭，心諦觀之，自見其身如彼不異，靜處專念便得初禪。

佛在恒水邊坐禪，有寡聞比丘問佛：「云何得道？」

佛言：「他物莫取。」便解法空，即得道迹。

多聞人自怪無所得而問於佛，佛言：「取恒水中小石，以君持水淨洗。」比丘如教。

佛問：「恒水多？澡瓶水多？」

答言：「恒水不可為比。」

佛言：「不以指洗，用水雖多無益也。行者當勤精進，用智定指洗除心垢，若不如是不能離苦也。」

不淨觀法。貪、瞋、癡是衆病之本，愛身著欲則生瞋恚，顛倒所惑即是愚癡所覆故也。於內外身愛著淨想，習之來久深著難遣，欲離貪欲當觀不淨。瞋由外起，雖爾猶可制之。如人破竹初節難破，既制貪欲餘二自息。不淨觀者，當觀此身生不淨處，在胞胎中從不淨出，薄皮覆之內純不淨，然四大變為飲食充實其內。自觀察從頭至足，薄皮裹之內無一淨者，腦膜、涕唾、膿血、屎尿，略說則有三十六物，廣則無量。猶如農夫開倉，善分別麻麥粟豆，行者深觀見此身倉，種種惡露三十六物。如實分別內身如此，當知外身亦不異此。若心住相者，身體柔軟心神快樂，心若不住當自責心：我從無數劫來隨順汝故，經歷三塗受無窮苦。從今日去，我當供伏汝，汝且隨我，還攝其心令得成就。若極其身者，當觀白骨，亦可入初禪。行者志求大乘，若命終隨意所欲生諸佛前，若不爾者，必生兜率天得見彌勒定無有疑也。

初禪過患，內有覺觀，外有火災；二禪過患，內有喜樂，外有水災；三禪過患，內有喘息，外有風災；四禪地中過患都盡，三災不及。

二十五有，四天下、六欲天、四惡道、四禪地、大梵天、無色界、第四禪地有五阿那含天，合二十五有。

五門禪經要用法

南無護法韋馱尊天菩薩

全佛文化圖書出版目錄

佛教小百科系列

☐ 佛菩薩的圖像解說1-總論•佛部 320
☐ 佛菩薩的圖像解說2- 280
菩薩部•觀音部•明王部
☐ 密教曼荼羅圖典1- 240
總論•別尊•西藏
☐ 密教曼荼羅圖典2-胎藏界上 300
☐ 密教曼荼羅圖典2-胎藏界中 350
☐ 密教曼荼羅圖典2-胎藏界下 420
☐ 密教曼荼羅圖典3-金剛界上 260
☐ 密教曼荼羅圖典3-金剛界下 260
☐ 佛教的真言咒語 330
☐ 天龍八部 350
☐ 觀音寶典 320
☐ 財寶本尊與財神 350
☐ 消災增福本尊 320
☐ 長壽延命本尊 280
☐ 智慧才辯本尊 290
☐ 令具威德懷愛本尊 280
☐ 佛教的手印 290
☐ 密教的修法手印-上 350
☐ 密教的修法手印-下 390
☐ 簡易學梵字(基礎篇)-附CD 250
☐ 簡易學梵字(進階篇)-附CD 300
☐ 佛教的法器 290
☐ 佛教的持物 330
☐ 佛教的塔婆 290
☐ 中國的佛塔-上 240
☐ 中國的佛塔-下 240
☐ 西藏著名的寺院與佛塔 330
☐ 佛教的動物-上 220
☐ 佛教的動物-下 220
☐ 佛教的植物-上 220
☐ 佛教的植物-下 220
☐ 佛教的蓮花 260
☐ 佛教的香與香器 280
☐ 佛教的神通 290
☐ 神通的原理與修持 280
☐ 神通感應錄 250
☐ 佛教的念珠 220
☐ 佛教的宗派 295
☐ 佛教的重要經典 290
☐ 佛教的重要名詞解說 380
☐ 佛教的節慶 260
☐ 佛教的護法神 320
☐ 佛教的宇宙觀 260
☐ 佛教的精靈鬼怪 280
☐ 密宗重要名詞解說 290
☐ 禪宗的重要名詞解說-上 360
☐ 禪宗的重要名詞解說-下 290
☐ 佛教的聖地-印度篇 200

佛菩薩經典系列

☐ 阿彌陀佛經典 350
☐ 藥師佛•阿閦佛經典 220
☐ 普賢菩薩經典 180
☐ 文殊菩薩經典 260
☐ 觀音菩薩經典 220
☐ 地藏菩薩經典 260
☐ 彌勒菩薩•常啼菩薩經典 250
☐ 維摩詰菩薩經典 250
☐ 虛空藏菩薩經典 350
☐ 無盡意菩薩•無所有菩薩經典 260

佛法常行經典系列

☐ 妙法蓮華經 260
☐ 悲華經 260
☐ 大乘本生心地觀經•勝鬘經 200
•如來藏經

- ☐ 小品般若波羅密經 220
- ☐ 金光明經•金光明最勝王經 280
- ☐ 楞伽經•入楞伽經 360
- ☐ 楞嚴經 200
- ☐ 解深密經•大乘密嚴經 200
- ☐ 大日經 220
- ☐ 金剛頂經•金剛頂瑜伽念誦經 200

三昧禪法經典系列

- ☐ 念佛三昧經典 260
- ☐ 般舟三昧經典 220
- ☐ 觀佛三昧經典 220
- ☐ 如幻三昧經典 250
- ☐ 月燈三昧經典(三昧王經典) 260
- ☐ 寶如來三昧經典 250
- ☐ 如來智印三昧經典 180
- ☐ 法華三昧經典 260
- ☐ 坐禪三昧經典 250
- ☐ 修行道地經典 250

修行道地經典系列

- ☐ 大方廣佛華嚴經(10冊) 1600
- ☐ 長阿含經(4冊) 600
- ☐ 增一阿含經(7冊) 1050
- ☐ 中阿含經(8冊) 1200
- ☐ 雜阿含經(8冊) 1200

佛經修持法系列

- ☐ 如何修持心經 200
- ☐ 如何修持金剛經 260
- ☐ 如何修持阿彌陀經 200
- ☐ 如何修持藥師經-附CD 280
- ☐ 如何修持大悲心陀羅尼經 220
- ☐ 如何修持阿閦佛國經 200
- ☐ 如何修持華嚴經 290
- ☐ 如何修持圓覺經 220
- ☐ 如何修持法華經 220
- ☐ 如何修持楞嚴經 220

守護佛菩薩系列

- ☐ 釋迦牟尼佛-人間守護主 240
- ☐ 阿彌陀佛-平安吉祥 240
- ☐ 藥師佛-消災延壽(附CD) 260
- ☐ 大日如來-密教之主 250
- ☐ 觀音菩薩-大悲守護主(附CD) 280
- ☐ 文殊菩薩-智慧之主(附CD) 280
- ☐ 普賢菩薩-廣大行願守護主 250
- ☐ 地藏菩薩-大願守護主 250
- ☐ 彌勒菩薩-慈心喜樂守護主 220
- ☐ 大勢至菩薩-大力守護主 220
- ☐ 準提菩薩-滿願守護主(附CD) 260
- ☐ 不動明王-除障守護主 220
- ☐ 虛空藏菩薩-福德大智守護(附CD) 260
- ☐ 毘沙門天王-護世財寶之主(附CD) 280

輕鬆學佛法系列

- ☐ 遇見佛陀-影響百億人的生命導師 200
- ☐ 如何成為佛陀的學生-皈依與受戒 200
- ☐ 佛陀的第一堂課-四聖諦與八正道 200
- ☐ 業力與因果-佛陀教你如何掌握自己的命運 220

洪老師禪座教室系列

□ 靜坐-長春.長樂.長效的人生 200
□ 放鬆(附CD) 250
□ 妙定功-超越身心最佳功法(附CD) 260
□ 妙定功VCD 295
□ 睡夢-輕鬆入眠•夢中自在(附CD) 240
□ 沒有敵者-強化身心免疫力的修鍊法(附CD) 280
□ 夢瑜伽-夢中作主.夢中變身 260
□ 如何培養定力-集中心靈的能量 200

禪生活系列

□ 坐禪的原理與方法-坐禪之道 280
□ 以禪養生-呼吸健康法 200
□ 內觀禪法-生活中的禪道 290
□ 禪宗的傳承與參禪方法-禪的世界 260
□ 禪的開悟境界-禪心與禪機 240
□ 禪宗奇才的千古絕唱-永嘉禪師的頓悟 260
□ 禪師的生死藝術-生死禪 240
□ 禪師的開悟故事-開悟禪 260
□ 女禪師的開悟故事(上)-女人禪 220
□ 女禪師的開悟故事(下)-女人禪 260
□ 以禪療心-十六種禪心療法 260

佛家經論導讀叢書系列

□ 雜阿含經導讀-修訂版 450
□ 異部宗論導讀 240
□ 大乘成業論導讀 240
□ 解深密經導讀 320
□ 阿彌陀經導讀 320
□ 唯識三十頌導讀-修訂版 520
□ 唯識二十論導讀 300
□ 小品般若經論對讀-上 400
□ 小品般若經論對讀-下 420
□ 金剛經導讀 220
□ 心經導讀 160
□ 中論導讀-上 420
□ 中論導讀-下 380
□ 楞伽經導讀 400
□ 法華經導讀-上 220
□ 法華經導讀-下 240
□ 十地經導讀 350
□ 大般涅槃經導讀-上 280
□ 大般涅槃經導讀-下 280
□ 維摩詰經導讀 220
□ 菩提道次第略論導讀 450
□ 密續部總建立廣釋 280
□ 四法寶鬘導讀 200
□ 因明入正理論導讀-上 240
□ 因明入正理論導讀-下 200

談錫永作品系列

□ 閒話密宗 200
□ 西藏密宗占卜法-妙吉祥占卜法(組合) 580
□ 細說輪迴生死書-上 200
□ 細說輪迴生死書-下 200
□ 西藏密宗百問-修訂版 210
□ 觀世音與大悲咒-修訂版 190
□ 佛家名相 220
□ 密宗名相 220
□ 佛家宗派 220
□ 佛家經論-見修法鬘 180
□ 生與死的禪法 260
□ 細說如來藏 280
□ 如來藏三談 300

大中觀系列

- □ 四重緣起深般若-增訂版 420
- □ 心經內義與究竟義-印度四大論師釋《心經》 350
- □ 聖入無分別總持經對堪及研究 390
- □ 《入楞伽經》梵本新譯 320
- □ 《寶性論》梵本新譯 320
- □ 如來藏論集 330
- □ 如來藏二諦見 360
- □ 《聖妙吉祥真實名經》梵本校譯 390
- □ 《聖妙吉祥真實名經》釋論三種 390
- □ 《辨中邊論釋》校疏 400

甯瑪派叢書-見部系列

- □ 九乘次第論集-佛家各部見修差別 380
- □ 甯瑪派四部宗義釋 480
- □ 辨法法性論及釋論兩種 480
- □ 決定寶燈 480
- □ 無修佛道-現證自性大圓滿本來面目教授 360
- □ 幻化網秘密藏續釋-光明藏 560
- □ 善說顯現喜宴-甯瑪派大圓滿教法 650

甯瑪派叢書-修部系列

- □ 大圓滿心性休息導引 395
- □ 大圓滿前行及讚頌 380
- □ 幻化網秘密藏續 480
- □ 六中有自解脫導引 520

李潤生作品系列

- □ 佛家輪迴理論-上 360
- □ 佛家輪迴理論-下 390
- □ 生活中的佛法-山齋絮語 390
- □ 百論析義-上 450
- □ 百論析義-下 480
- □ 唯識.因明.禪偈的深層探究-上 350
- □ 唯識.因明.禪偈的深層探究-下 390

蓮花生大士全傳系列

- □ 蓮花王 320
- □ 師子吼聲 320
- □ 桑耶大師 320
- □ 廣大圓滿 320
- □ 無死虹身 320
- □ 蓮花生大士祈請文集 280

密乘寶海系列

- □ 現觀中脈實相成就-開啟中脈實修秘法 290
- □ 智慧成就拙火瑜伽 330
- □ 蓮師大圓滿教授講記-藏密寧瑪派最高解脫法門 220
- □ 密宗修行要旨-總攝密法的根本要義 430
- □ 密宗成佛心要-今生即身成佛的必備書 240
- □ 無死-超越生與死的無死瑜伽 200

☐ 密宗的源流-密法內在傳承的密意 240
☐ 恒河大手印-傾瓶之灌的帝洛巴恒河大手印 240
☐ 岡波巴大手印-大手印導引顯明本體四瑜伽 390
☐ 大白傘蓋佛母-息災護佑行法(附CD) 295
☐ 孔雀明王行法-摧伏毒害煩惱 260
☐ 月輪觀•阿字觀-密教觀想法的重要基礎 350
☐ 穢積金剛-滅除一切不淨障礙 290
☐ 五輪塔觀-密教建立佛身的根本大法 290
☐ 密法總持-密意成就金法總集 650

光明導引系列

☐ 阿彌陀經臨終光明導引-臨終救度法 350
☐ 送行者之歌(附國台語雙CD) 480

高階禪觀心要系列

☐ 念佛三昧-迅速匯集諸佛功德的法門 290
☐ 首楞嚴三昧-降伏諸魔的大悲勇健三昧 380

高階禪觀系列

☐ 通明禪禪觀-迅速開啟六種神通的禪法 200
☐ 十種遍一切處禪觀-調練心念出生廣大威力的禪法 280
☐ 四諦十六行禪觀-佛陀初轉法輪的殊勝法門 350
☐ 三三昧禪觀-證入空、無相、無願三解脫門的禪法 260
☐ 大悲如幻三昧禪觀-修行一切菩薩三昧的根本 380
☐ 圓覺經二十五輪三昧禪觀-二十五種如來圓覺境界的禪法 400

禪觀寶海系列

☐ 禪觀秘要 1200

其他系列

☐ 入佛之門-佛法在現代的應用智慧 350
☐ 如觀自在-千手觀音與大悲咒的實修心要 650
☐ 神通-佛教神通學大觀 590
☐ 仁波切我有問題-一本關於空的見地、禪修與問答集 240
☐ 認識日本佛教 360
☐ 普賢法身之旅-2004美東弘法紀行 450

全套購書85折、單冊購書9折
(郵購請加掛號郵資60元)
全佛文化事業有限公司
新北市新店區民權路95號4樓之1
Buddhall Cultural Enterprise Co.,Ltd.
TEL:886-2-2913-2199
FAX:886-2-2913-3693
匯款帳號：3199717004240
合作金庫銀行大坪林分行
戶名：全佛文化事業有限公司

三昧禪法經典系列9

《坐禪三昧經典》

主　編　全佛編輯部
出　版　全佛文化事業有限公司
永久信箱：台北郵政26-341號信箱
訂購專線：（02）2913-2199
傳真專線：（02）2913-3693
發行專線：（02）2219-0898
匯款帳號：3199717004240　合作金庫銀行大坪林分行
戶名：全佛文化事業有限公司
E-mail：buddhall@ms7.hinet.net
http://www.buddhall.com
門　市　心茶堂
新北市新店區民權路95號4樓之1（江陵金融大樓）
門市專線：（02）2219-8189
行銷代理　紅螞蟻圖書有限公司
台北市內湖區舊宗路二段121巷19號（紅螞蟻資訊大樓）
電話：（02）2795-3656
傳真：（02）2795-4100
一九九六年三月　初版
二〇一三年十一月　初版四刷
定價新台幣　二五〇元
ISBN　978-957-9462-34-1（平裝）

Published by BuddhAll Cultural Enterprise Co.,Ltd.

Buddhall

國家圖書館出版品預行編目資料

坐禪三昧經典 / 全佛編輯部主編-
－初版. --　臺北市：全佛文化出版,
1996[民85]　面；　公分. --
(三昧禪法經典系列；9)
ISBN 978-957-9462-34-1(平裝)

1.方等部
221.38　　　　　　85001659